Kinder liebevoll und konsequent erziehen

Claudia & Jonas Weidner

Alles über die Einschulung, den Schulanfang und einen gelungenen Start an der Grundschule

Wie Sie die Resilienz und Konzentration Ihres Nachwuchses gezielt fördern

Was Ihr Mädchen, oder Junge bei Mobbing unternehmen kann

2. Auflage

ISBN-13: 978-9463983297

Bonus

Auf der Seite:

www.thehonestguide.de

erhalten Sie unser kostenloses Download-Paket mit:

6 Checklisten

3 Vorlagen für Stundenpläne

Inhaltsverzeichnis

Vorwort

Hier schreibt Claudia Weidner. Ich lebe mit meinem Mann Jonas und unserem Sohn Erik im wunderschönen Hamburg. Meinen Mann habe ich während des Studiums an der Journalistenschule in München kennengelernt. Danach habe ich eine Stelle bei einem großen deutschen Nachrichtenmagazin angetreten und dort meine Berufung gefunden.

Im Januar 2018 kam unser Sohn Erik zur Welt. Er hat unsere Welt total auf den Kopf gestellt. Die Zeit des Kinderwunsches, der Schwangerschaft, der Geburt und das erste Jahr mit dem Baby hat Jonas schon in seinem Buch "Vater werden für Anfänger" beschrieben. Bei diesem Buchprojekt habe ich ihn damals tatkräftig unterstützt.

Unser Erik ist jetzt schon ein Kleinkind und auch diese Lebensphase bietet viele interessante Facetten. Und so ist aus einem starken persönlichen Interesse an diesem Thema mein Buch "Kinder verstehen, erziehen und stärken" entstanden. Ihr werdet darin alles erfahren, was im Alter zwischen zwei und sechs Jahren wichtig ist. Dies ist die Phase im Leben eines Menschen, wo aus einem Baby ein Kleinkind wird, und es in der Regel auch einen Kindergarten besucht.

In dem Buch, welches Sie nun in Ihren Händen halten, geht es, um den Wechsel vom Kindergarten in die Grundschule. Aus Ihrem Sonnenschein wird ein immer eigenständigerer Mensch, der jetzt bald selbst schreiben und lesen kann. Ein wichtiger Meilenstein im Leben. Und am Ende der Zeit in der Grundschule, etwa mit zehn Jahren (in Berlin und

Brandenburg 12 Jahren), wirft dann auch schon die Pubertät ihre Schatten voraus.

Meine Bücher richten sich an alle Eltern, aber auch an Personen, die einfach ein tolles Geschenk suchen. Die Altersgruppe der Sechs- bis Zehnjährigen wird ohne Schnörkel und Ausschweifungen besprochen. Wir haben versucht alle relevanten Informationen hineinzupacken, um für Sie alle offenen und relevanten Fragen zu klären. Es wurde viel Wert auf kurze, knackige Formulierung gelegt und das Ganze wurde ergänzt durch Infoboxen, Checklisten und Übersichten mit hilfreichen Tipps und Tricks.

Ich möchte meinem Mann danken, der all die offenen Fragen mit mir konstruktiv, geduldig und ausführlich diskutiert hat. Seine Sicht der Dinge ist natürlich mit, in das Buch eingeflossen. Des Weiteren möchte ich unserer lieben Freundin Ulrike Kunze danken, die auch dieses Buch wieder lektoriert hat.

Viel Spaß beim Lesen und Nachschlagen! Ich freue mich auf Ihr Feedback.

Hamburg, den 24.07 2019

Einleitung

In der Zeit zwischen sechs und zehn Jahren schreiben Sie mit Ihrem Kind zusammen ein neues Kapitel in seinem Leben. Der Nachwuchs hat die Kindergartenzeit beendet und gehört ab jetzt zu den Großen, weil er jetzt in die Schule geht. Es warten viele Herausforderungen auf die Kleinen. Ein neues Umfeld, fremde Kinder, die Lehrkraft und jede Menge Stoff zum Lernen. Die Vorfreude auf den neuen Lebensabschnitt ist oft riesengroß.

Vielleicht stellt sich nach kurzer Zeit bei Ihrem Kind Überforderung ein, weil es jetzt auch lernen muss, dass nicht alles, was es macht, von allen Menschen gelobt wird. Ihr Sprössling erlebt, dass er nicht mehr der Maßstab aller Dinge ist und auch mit Niederlagen klarkommen muss. Kinder entdecken die Sexualität und möchten natürlich darüber alles ganz genau wissen.

Jeder Tag ist wie eine Wundertüte, wo aber nicht nur schöne und angenehme Dinge enthalten sind. Es gibt Konflikte und Streitigkeiten. Plötzlich wird aus einem umgänglichen Kind eine kleine Kratzbürste, die nur noch auf Rebellion aus ist. Im Alter zwischen neun und zehn Jahren beginnt die Vorpubertät, wo die Hormone verrücktspielen. Die Kleinen werfen Ihren schützenden, kindlichen Panzer ab und schauen wieder ein Stück weit über den Tellerrand hinaus. Es ist für Sie und für Ihr Kind eine aufreibende, spannende Zeit, in der Sie eine wichtige Rolle spielen. Sie sind nicht mehr nur Mama und Papa, sondern Freund, Weggefährte und manchmal auch der böse Feind.

In diesem Buch bekommen Sie spannende Einblicke, wie Kinder im Alter zwischen sechs und zehn Jahren ticken. Sie erfahren einiges über Erziehung und Bildung und wie Sie mit verschiedenen Situationen am besten umgehen. Vergessen Sie bei all den Dingen, die Sie jetzt mit Ihrem Nachwuchs erleben, dass Sie selbst vor nicht allzu langer Zeit in der gleichen Situation waren und sich wieder ein Stück neue Freiheiten erkämpft haben.

Die Welt der Kinder im Alter von sechs bis zehn Jahre verstehen

Mit dem Ausscheiden aus dem Kindergarten und dem Start in die Schule beginnt für Ihr Kind ein neuer Lebensabschnitt, der mit vielen neuen Herausforderungen aufwartet. Sie begeben sich jetzt in eine neue und qualitativ anspruchsvollere Entwicklungsphase und lernen grundlegend wichtige Fertigkeiten und Fähigkeiten, um die Welt zu verstehen und auch mit sich selbst auseinanderzusetzen.

Aus der bisher kindlichen Entwicklung machen Ihre Kinder einen großen Schritt in Richtung „schon beinahe erwachsen sein". Es werden sich neue Verhaltensweisen angeeignet und die jetzt schon nicht mehr so kleinen entwickeln ein deutlich ausgeprägteres Geschlechterbewusstsein. Die neuen Pläne für das Leben orientieren sich am gleichen Geschlecht. Mädchen spielen mit Mädchen und legen den Fokus auf das weibliche Geschlecht, um sich daran zu orientieren. Bei Jungen ist das nicht anders.

Mädchen und Jungen gehen oft bis zur Pubertät keine gemeinsamen Wege, obwohl es dabei auch Ausnahmen gibt. Das Spielen mit dem Freund und der Freundin wird intensiviert, genauso wie die Beschäftigung mit den eigenen Interessen und Hobbys. Sie konzentrieren sich tagelang, auch über einen längeren Zeitraum auf ein gemeinsames Vorhaben. Von der Planung über die Organisation bis hin zur Durchführung ist alles dabei. Ein Misserfolg wird zusammen bewältigt, verkraftet und anschließend auch der gemeinsame Erfolg gefeiert.

In der neuen Lebensphase Ihres Kindes erleben Sie, wie die Kleinen sich auf einen spannenden Weg begeben, der sie weiter in Richtung Eigenständigkeit, Selbstständigkeit und Unabhängigkeit führt. Es wird viele Diskussionen geben und es zeigen sich altbekannte Verhaltensweisen in einem ganz neuen Gewand.

Ängste und Aggressionen gibt es nach wie vor. Doch spielen jetzt Emotionen dabei eine zusätzliche Rolle. Die Kontrollverlustängste, Ohnmachtsängste, Frustration und Akzeptanzängste zeigen sich nicht mehr nur in Wutausbrüchen. Aggression und Angst fließen vermehrt in das Spielen ein. Es wird gebrüllt, gedroht, gekämpft, verteidigt, angegriffen und verfolgt. Auch bei jüngeren Kindern gibt es solche Verhaltensweisen. Doch jetzt wird die Gratwanderung zwischen Ernst und Spiel dafür genutzt, um Kontakt aufzunehmen, Konflikte zu beseitigen und die Gruppe zu stabilisieren.

Es entwickelt sich eine besondere Art und Weise zu denken. Diese gestaltet sich ganz anders als die Denkweise eines Erwachsenen. Die Dinge, die für Sie in Gedanken selbstverständlich sind, haben mit den kindlichen Gedankengängen nichts gemeinsam. Bei Ihrem Nachwuchs spielt die Fantasie immer noch eine große Rolle, wodurch die bestehenden Denkkonzepte revidiert und verbessert werden, weil die neuen Erfahrungen dazu auffordern. Es folgt ein großer Umbruch, der von neuen Erfahrungen geprägt ist.

Begeben Sie sich zusammen mit dem Nachwuchs auf die spannende Reise, versuchen Sie ihn zu verstehen und zu helfen, seine Persönlichkeit zu entfalten und zu stärken. Damit Ihnen das gelingt, bekommen Sie nachfolgend Einblicke in die spannende Welt der Sechs- bis Zehnjährigen und praktische Tipps für deren Erziehung und Bildung.

Die Entwicklung im Alter zwischen sechs und zehn Jahren

Ihr Kind wird jetzt ein Schulkind und Sie vor manche Herausforderungen stellen, die es zu bewältigen gilt. Ihr Nachwuchs kommt in eine neue Umgebung, eine oftmals fremde Klassengemeinschaft, lernt Schreiben, Lesen und Rechnen und macht einen großen Schritt in Richtung Selbstständigkeit.

Gerade bei Sechsjährigen, die gerade eingeschult worden sind, hören Sie oftmals die Aussage, dass alles ungerecht ist. Der andauernde Protest kann mit der Zeit ganz schön anstrengend werden. Das Leben ist nicht immer fair. Das bekommen Sie jetzt andauernd zu hören. Die neue Eigenart mag für Sie sehr anstrengend sein. Bewerten Sie dies aber positiv. Es ist ein gutes Zeichen der kindlichen Entwicklung. Im Alter von sechs Jahren stellen sich geistige und körperliche Veränderungen ein, die Sie mit den richtigen Maßnahmen optimal fördern und unterstützen können.

INFO: Die bleibenden Zähne

Der Wechsel des Gebisses ist für alle Kinder ein großes Ereignis, welches heute meistens zwischen dem 6. und 7. Lebensjahr stattfindet. Meistens sind aber schon zwischen fünf und sechs Jahren die ersten beiden bleibenden Backenzähne durchgebrochen, diese liegen hinter den zweiten Backenzähnen des vorhandenen Milchgebisses. Das Herausfallen der Milchzähne ist in der Regel schmerzfrei, da die Wurzeln sich bereits vorher auflösen. Die mit Spannung erwarteten bleibenden vorderen Schneidezähne erscheinen erst, wenn die Schneidezähne des Milchgebisses herausgefallen sind. Der Zahnwechsel ist erst nach der Pubertät abgeschlossen, wenn die zweiten Backenzähne durchgebrochen sind. Spätestens dann ist das bleibende Gebiss mit seinen 28 Zähnen im Wesentlichen komplett.

Wie ticken Sechs- und Siebenjährige eigentlich?

Mit dem Schritt in die neue Selbstständigkeit sehen die Sprösslinge an jeder Ecke Regelverstöße, Gesetzeswidrigkeiten und Ungerechtigkeiten. Oft hören Sie Sätze wie:

- Klassenkameraden haben ein eigenes Smartphone und ich nicht. Das ist ungerecht!
- Warum muss ich zur Schule laufen und andere Kinder dürfen mit dem Bus fahren? Das ist nicht fair!
- Warum dürfen Erwachsene Cola trinken und ich nicht? Das ist gemein!

Sie legen ein Verhalten an den Tag, welches schnell den Gedanken aufkommen lässt, sie wären die personifizierte Justitia, die alles auf die Waagschale legt. Das ist aber kein Zeichen dafür, dass Ihrem Nachwuchs eine tolle Karriere als Polizist, Anwalt oder Richter bevorsteht. Diese Annahme löst sich meistens schnell wieder in Luft auf, weil die Kleinen dem Lügenbaron Münchhausen oft in nichts nachstehen.

Das muss Sie jetzt aber nicht erschrecken. Denn Lügen zeugt von einer gewissen geistigen Reife, weil dafür Intelligenz erforderlich ist.

Die kognitive Entwicklung

Die kognitive Entwicklung führt Ihr Kind aus seiner Fantasiewelt heraus, wo es immer diese magischen Umstände gab, die die Welt so haben erscheinen lassen, wie der Nachwuchs sie gerne hätte. Ihr Weg führt sie nun in die Welt von Überlegungen und Logik. Sie werden mehr und mehr mit der Realität konfrontiert.

Zeitgleich entwickelt sich in den Kleinen der Ehrgeiz, aus jeder Situation als Gewinner hervorzugehen. Und deshalb stellt sich auch die Bereitschaft zum Lügen und Betrügen ein. In bestimmten Bereichen des Gehirns erfolgt ein großer Umbau, der zuständig ist für die Sprache und die räumliche Wahrnehmung. Diese sind verantwortlich für emotionale, vielfach auch dramatische Ausbrüche. Durch die kognitive Entwicklung lernt Ihr Kind verschiedene Fähigkeiten.

Checkliste: Mein Kind kann schon...

- ... mit der rechten oder linken Hand schreiben.
- ... in der richtigen Reihenfolge Geschichten vortragen.
- ... einfache Regeln einhalten.
- ... bis 20, vielleicht sogar bis 50 zählen.
- ... unbekannte Wörter entziffern.
- ... Formen malen.
- ... die Wochentage benennen.
- ... die jeweiligen Geldscheine und Münzen benennen.
- ... addieren und subtrahieren.
- ... etwas mit der Zeit und dem dahinterstehenden Konzept anfangen.

Es sind so viele neu Dinge, die auf die Kleinen hereinbrechen. Im Alter von sechs Jahren haben die Kleinen eine Aufmerksamkeitsspanne von 20 bis 30 Minuten, die Sie mit Konzentrationsübungen und Brettspielen sehr gut fördern können. Der Fernseher und der Computer sind keine gute Wahl, weil dadurch im Körper mehr Dopamin produziert wird. Dieses wird im Volksmund gerne als Glückshormon bezeichnet, obwohl es gar kein Hormon ist. Jedenfalls regelt dieser **Neurotransmitter** die Konzentration, aber er kann wiederum auch für Antriebslosigkeit sorgen.

INFO: Definition kognitive Entwicklung

Unter kognitiver Entwicklung versteht man die Entwicklung all jener Funktionen, die dem Erkennen und Erfassen der Gegenstände und Personen der Umgebung und der eigenen Person gelten. Zu diesen Funktionen gehören **Intelligenz** bzw. Denken, Wahrnehmung, Problemlösen, Gedächtnis, Sprache etc. Es geht hier im Prinzip um die Mittel der Erkenntnis und der Formen der Erkenntnis.

Erkennen ist ein weiter Begriff für Wahrnehmung und Denken, Verhaltensweisen also, die entweder zum Erwerb von Kenntnis führt oder zu Verhaltensweisen, die für den Gebrauch von Kenntnis nötig ist. Eine zentrale Rolle in der kognitiven Entwicklung nimmt die Entwicklung der Intelligenz ein, wobei Wahrnehmung, Gedächtnisleistungen und Sprachbeherrschung als "kognitive Stützfunktionen" die Voraussetzungen von Denken und Intelligenzleistungen bilden.

Stangl, W. (2019). Die kognitive Entwicklung.

In der Grundschule werden viele neue Dinge gelernt. Auch die Konzentrationsfähigkeit steigert sich. Allerdings brauchen die Kleinen beim Lernen Ihre Unterstützung. Für Sie bedeutet das zu fördern und zu fordern, ohne dabei zu pingelig zu sein, wenn es beispielsweise mit dem akkuraten Schreiben noch nicht so gut klappt. Sie sollen aber trotzdem eine gewisse Erwartungshaltung haben und diese auch einfordern.

Die 7 häufigsten Ursachen für Konzentrationsschwächen

1. Ablenkung durch äußere Faktoren
   z. B. Fernseher, Radio, Telefon oder die spielenden Geschwister
2. Ungesunde Ernährung und Bewegungsmangel
3. Desinteresse und wenig Vorwissen
4. Überforderung durch zu viele Aufgaben
5. Schlafmangel
6. Frustration bei zu schwierigen Aufgaben
   TIPP: große, schwierige Aufgaben in kleine Aufgaben zerlegen
7. Zu hohe Erwartungshaltung von Lehrern und Eltern

Aus einer aktuellen Studie ist bekannt, dass Kinder deutlich weniger leisten, wenn die Erwartungen an sie zu gering ausfallen. Wurde die Erwartungen der Eltern hochgeschraubt, steigerte sich auch die Leistung der Kinder. Versuchen Sie dabei immer einen guten Mittelweg zwischen **fördern und fordern** zu finden, ohne Ihren Nachwuchs dabei zu überfordern!

Damit Lernen nicht überfordert, sind die folgenden Aspekte durchaus interessant, weil sie den Kindern beim Lernen helfen.

8 Tipps um die Konzentration und Motivation bei Kindern zu fördern

1. Angemessenes Lob statt unnötiger Kritik äußern
2. **Eigeninitiative** des Kindes fördern
   z. B. das Kind darf entscheiden mit welcher Aufgabe ist beginnt, kleine Belohnungen
3. Abwechslung durch verschiedene Lernmethoden
4. Einsatz der Neuen Medien (Computer, Tablets, Smartphones)
5. Selbstbestimmte, regelmäßige Lernzeiten
6. Das Lesen fördern als **Konzentrationsübung**
7. Pausen nicht vergessen
   Sechs und sieben Jahre: alle 15 Minuten, zwischen acht und zehn Jahren: 20 Minuten
8. Prioritäten setzen, eventuell einen Lernplan erstellen

INFO: Definition Neurotransmitter

Neurotransmitter, auch kurz Transmitter genannt, sind **Botenstoffe**, die an chemischen Synapsen die Erregung von einer Nervenzelle auf andere Zellen übertragen. Die Transmitterstoffe werden im Zellkörper oder in der Endung des Axons (Nervenzellfortsatz) vom sendenden Neuron produziert, hier innerhalb synaptischer Bläschen in gewisser Menge (Quantum) vorrätig gehalten und bei Erregung in bestimmten Mengen (Quanten) freigesetzt. Ihre Wirkung hängt von der Membranausstattung der empfangenden Zelle mit Rezeptoren und Ionenkanälen ab.

www.wikipedia.de

Das Lesen

Der Kindergarten hat sicherlich den Kleinen mit Vorschulspielen und Liedern das Alphabet vermittelt. Doch wenn es um das Lesen von Wörtern geht, stellt Ihr Nachwuchs plötzlich fest, dass Buchstaben ganz anders ausgesprochen werden. Bei dem Wort Ball fehlt plötzlich das „e“, dass im Alphabet dem Buchstaben „B“ beim Aussprechen angehängt wird. Diese Problemstellung meistern Kinder, wenn sie beim Lesen auf die Bewegung des Mundes achten.

Das Sprechen

Der Bereich im Gehirn, der zuständig für Worte, Grammatik und Aussprache ist, entwickelt sich bis zum 7. Lebensjahr mit einem wahnsinnigen Tempo weiter. Täglich werden bis zu zehn neue Wörter gelernt. Das Erlernen eines jeden einzelnen Wortes dauert dabei rund 80 Minuten. Geben Sie Ihrem Kind daher die Möglichkeit, an Erwachsenengesprächen teilzunehmen. Reden Sie viel mit Ihrem Kind und lesen Sie ihm altersgerechte Geschichten vor. Kinder stellen in dem Alter auch viele Fragen. Wenn Sie einige nicht beantworten können, zeigen Sie Interesse und versuchen Sie zusammen mit den Kleinen die richtige Antwort ausfindig zu machen.

Ein Umfeld schaffen, in dem sich Ihr Kind wohlfühlt

Der Hippocampus ist im Gehirn die Schaltzentrale für Fakten und Erinnerungen. Wird von Ihnen oder dem Lehrer viel geschimpft und emotionaler Stress erzeugt, wird vermehrt das Stresshormon **Cortisol** ausgeschüttet. Das Hormon schädigt und zerstört im Hippocampus Neuronen. Verhindern lässt sich dies, indem Sie eine sichere Lernumgebung schaffen, Loben, Empathie zeigen und positives Feedback geben. Diese Form von Unterstützung sorgt dafür, dass Ihr Kind sich erfolgreich erinnern und Dinge merken kann.

Die Musik

Gemäß der Bastian-Studie und Erkenntnissen anderer Wissenschaftler hat sich gezeigt, dass durch Musik sowie durch das Erlernen eines Instruments und Musikunterricht die Intelligenz gesteigert wird und sich dies dann leistungsfördernd auf das Gehirn auswirkt. Ihr Kind kann ruhig ein Instrument lernen, wenn es sich selbst dafür entscheidet und das Interesse groß ist. Musikhören und gemeinsam singen fördert dieses Interesse, wenn Ihr Kind bisher noch nicht gesagt hat, dass es gerne ein Instrument erlernen oder Gesangsunterricht haben möchte.

INFO: Hans Günther Bastian

... wurde 22. Juni 1944 in Niederzeuzheim (Hessen) geboren. Er verstarb am 11. Juli 2011 in Salzburg an den Folgen eines schweren Verkehrsunfalls. Bastian war Gründungsdirektor des Institutes für Begabungsforschung und Begabtenförderung in der Musik (IBFM), das seit 1992 besteht. Seit 1998 hatte er den Lehrstuhl für Musikpädagogik an der Goethe-Universität Frankfurt am Main inne. Daneben führte er den Vorsitz verschiedener Berufsfachverbände wie in der Bundesfachgruppe Musikpädagogik, im Arbeitskreis musikpädagogische Forschung und in der Fachkommission Musikpädagogische Forschung im Deutschen Musikrat. Seit 1998 war er geschäftsführender Direktor des Institutes für Musikpädagogik an der Goethe-Universität in Frankfurt am Main.

Bastians Arbeits- und Forschungsschwerpunkt liegt auf dem Gebiet der empirischen musikpädagogischen Forschung. Sein jüngstes Projekt war eine Langzeitstudie an Berliner Grundschulen zum Einfluss erweiterter Musikerziehung (EMU) auf die allgemeine und individuelle Entwicklung von Kindern.

www.wikipedia.de

Bewegung und Sport

Raus gehen und sich an der frischen Luft bewegen ist für alle Kinder wichtig. Schicken Sie Ihren Nachwuchs täglich mindestens 30 Minuten zum Spielen, Austoben und Rennen nach draußen. Bewegung, genauso wie Sport sorgen für gute Laune, baut Stress ab und stellt die gewünschte Ausgeglichenheit her. Zudem stellt sich eine positive Wirkung auf die Entwicklung des Gehirns ein, wodurch sich auch die Schulleistungen verbessern können. Das bestätigt John. J. Ratey in seinem Buch „Spark: The Revolutionary New Science of Exercise and the Brain".

Die Ernährung

Achten Sie darauf, dass sich Ihr Kind gesund und ausgewogen ernährt. Die enthaltenen **Nährstoffe, Vitamine und Ballaststoffe** halten die Kleinen gesund, sorgen für Energie und machen sie leistungsfähig. Stellen Sie eine ausreichende Versorgung Ihres Nachwuchses mit Methionin sicher. Der Körper bildet daraus Acetylcholin, wodurch die Merkfähigkeit und das Erinnerungsvermögen gesteigert werden. Enthalten ist dieser wichtige Stoff beispielsweise in Sesam, Erbsen, Hühnereiern, Lachs und Hähnchenfleisch. Fast Food, Süßigkeiten und Chips sollten eine Ausnahme darstellen.

Das Sozialverhalten

Im Alter von sechs Jahren werden schnell Freundschaften geschlossen und genauso schnell wieder beendet. Der neue Spielkamerad hat meist das gleiche Geschlecht. Diese sozialen Kontakte sorgen dafür, dass Ihr Kind auch die Sichtweise von anderen kennenlernt.

Dabei verbessert sich die **Auffassungsgabe**, wodurch sich Kinder besser in andere Menschen hineinversetzen können. Sie merken dann, dass sich nicht mehr alles nur um sie dreht. Hilfreich für den Ausbau der sozialen Entwicklung sind Gruppenaktivitäten, z. B. im Sportverein. Auch wenn die Launen der Kinder in diesem Alter immer noch sehr wechselhaft sind, ist schlechte Laune nicht von langer Dauer.

Kinder in diesem Alter brauchen kaum noch Hilfe beim Anziehen und wissen genau, was ihnen gehört. Sie achten darauf, dass nichts verloren geht oder vergessen wird. Trotzdem passiert es, dass der Nachwuchs Stifte, die Mütze und andere Dinge verliert. Ihr Kind lernt noch besser auf seine Sachen zu achten, wenn Sie immer wieder fragen, ob es alle Sachen mitgenommen hat.

Wenn Sie selbst die kleinen Entwicklungsschritte erkennen und den Entwicklungsstand einschätzen können, verstehen Sie das Verhalten von Ihrem Nachwuchs viel besser. Mit diesem Wissen haben Sie zudem die Chance, die richtigen Aktivitäten anzubieten und Reize zu setzen, die unterstützend auf die Entwicklung einwirken.

TIPP: Sozialverhalten stärken

Durch ...

- Hilfsbereitschaft sollte immer eine Selbstverständlichkeit sein
- Verhaltensweisen, die nicht egoistisch sind, werden gefördert
- Leistungsbereitschaft wird auch ohne Gegenleistung, oder Belohnung eingefordert
- Entwicklung von Empathie, z. B. durch das Einfühlen in die Welt sozial benachteiligter Kinder
- Das Anschaffen möglichst weniger Spielsachen, welche nur allein genutzt werden können
- Die Kinder bei Entscheidungen regelmäßig einbinden

Die motorische und körperliche Entwicklung von Sechsjährigen

In diesem Alter sind Kinder immer in Bewegung. Sie springen, hüpfen, rennen, werfen, klettern, laufen, schwimmen und fahren mit dem Rad, und das am liebsten immer schneller.

Die Abläufe der vielen unterschiedlichen Bewegungen sind schon recht ausgereift und fast genauso sicher wie bei einem Erwachsenen. Neben den körperlichen Aktivitäten ist die **Feinmotorik** auch eine wichtige Angelegenheit, die man nicht vergessen sollte.

Fördern Sie Ihr Kind mit Malen, üben Sie mit ihm Buchstaben zu schreiben, eine Schleife zu binden, ein Brot selber zu schmieren und einen Apfel mit dem Sparschäler selbst zu schälen. Damit trainiert Ihr Kind die kleinen Muskeln in den Händen und lernt, feinmotorische Dinge wie das Schreiben besser durchzuführen.

Checkliste: Mein Kind kann mit sechs Jahren schon...

- ... Fahrrad fahren.
- ... gut die Balance halten und die Koordination auf die jeweiligen Aktivitäten abstimmen.
- ... Schnürsenkel allein binden.
- ... feinmotorische Aktivitäten wie schneiden, formen und malen ausführen.
- ... Zahlen und Buchstaben schreiben, die immer sauberer werden.
- Seinen Namen und andere einfache Worte ohne große Mühe schreiben.

Wichtige Entwicklungsschritte im Alter von acht, neun und zehn Jahren

Im Alter von acht Jahren macht Ihr Kind einen weiteren Entwicklungsschritt. Es denkt deutlich rationaler und kann immer besser zwischen der eigenen Meinung und der Meinung anderer unterscheiden, sowie diese verstehen. Weiterentwickelt hat sich auch die **Hand-Auge-Koordination**. In vielerlei Hinsicht werden die Fähigkeiten ausgebaut.

Kinder erlangen zwischen dem siebten und neunten Lebensjahr ein gesteigertes Körperbewusstsein und sie probieren viele Dinge aus. Sie fahren Inline Skates, spielen Fußball, fahren Rad, gehen Schlittschuhlaufen und treiben Sport in verschiedenen Sportvereinen. Es geht dabei nicht nur um den Spaßfaktor, sondern auch um den Wettbewerb. Bei Wettkämpfen messen sie sich mit Gleichaltrigen und machen Erfahrungen damit, wie gut sie sind. Sie schauen genauer hin, was sie von den Freunden unterscheidet.

Genau in dieser Lebensphase ist das Vergleichen mit Kindern im selben Alter extrem wichtig. Kinder lernen gegeneinander anzutreten und erleben, was „Gemeinsam“ und „im Team“ bedeutet. Sie machen Erfahrungen damit, wo man sich gegenseitig unterstützen und ergänzen kann. Sie erleben, dass es manchmal einfacher ist, gemeinsam ein Ziel zu erreichen als allein zu kämpfen. Jedes Mal steht wieder die Teamfähigkeit auf dem Prüfstand. Auch wenn sie dabei immer mal wieder scheitern, wird sich diese in ihrer weiteren Entwicklung stetig verbessern.

Mittlerweile sind die ersten Erfahrungen mit Schule gemacht und der Startschuss gefallen, wo sich ein Verständnis für mathematische Konzepte entwickelt, die sich hinter den vielen Zahlen verbergen. Denn die Kinder können jetzt viel besser zählen und beginnen ein Gefühl für Maßeinheiten zu entwickeln. Der beste Taschenrechner sind die eigenen Finger, die zur Lösung einer Aufgabe als Hilfe zum Einsatz kommen. Unterstützt wird dabei auch das Begreifen von Mengen.

Besser gemeinsam erfolgreich – Tipps für mehr Teamfähigkeit

Die Teamfähigkeit Ihrer Kinder fördern Sie, indem ...

- Sie den Kindern die Gelegenheit geben in gemischten Gruppen (Alter, Herkunft) zu spielen.
- Sie Situationen schaffen, in denen gemeinsames Handeln möglich ist und dieses auch Vorteile bringt.
- Sich Erwachsene zurückhalten und sich nicht ständig schlichtend einmischen
- Sie als Erwachsene die **Vorbilder** für kooperatives Verhalten sind.
- Soziales, kooperatives Handeln gelobt wird.
- Sich bewusst gemacht wird, dass jedes Kind an sich einzigartig ist und es im gemeinsamen Spiel seine besonderen Interessen und Begabungen zur Geltung bringen kann.
- Durch gemeinsames Spiel die Fantasie gefördert wird.

- Man darauf hinweist, dass Zusammenarbeit schneller zum Ziel führt, als Alleingänge.
- Sie Absprachen und **Kommunikation** gezielt einsetzen.
- Gemeinsam gefundene Strategien und Regeln entwickelt werden.
- Es zur Normalität wird, dass individuelle Bedürfnisse manchmal zugunsten der Gruppe zurückgestellt werden.
- Klar wird, dass man in der Gruppe Verantwortung abgeben, oder auch übernehmen kann.

Das Lesen von kleinen Texten, die vorher geübt wurden, geht nun bedeutend leichter und flüssiger von der Hand. Durch fleißiges Üben wird diese Fähigkeit immer weiter ausgebaut. Im Alter von sieben Jahren sind Kinder bereits sehr gut darin Probleme zu lösen und Fragen zu stellen. Situationen werden aus verschiedenen Blickwinkeln betrachtet. Zum Erreichen des Ziels und herausfinden einer Lösung greifen sie zu praktischen Versuchen.

Bei Kindern zwischen dem achten und zehnten Lebensjahr verfeinern sich viele Fähigkeiten. Sie können Körperbewegungen noch besser koordinieren und Bewegungsabläufe noch feiner abstimmen. Die Flexibilität, Beweglichkeit, Präzision, Balance und die **Auge-Hand-Koordination** nimmt weiter zu. In der Entwicklung ist Ihr Kind jetzt so weit, dass es durch seine feinmotorischen Fähigkeiten Werkzeuge wie Hammer und Säge richtig verwenden kann und Spaß daran hat, zu basteln und Handarbeiten durchzuführen.

Die Auge-Hand-Koordination

Die Auge-Hand-Koordination ist die Fähigkeit, das Sehen mit den Bewegungen der Hände zu koordinieren. Diese Fähigkeit benötigen wir bei fast jeder Tätigkeit in unserem Alltag. Vorlagen zum Ausdrucken für Übungen finden Sie hier:

https://www.kleineschule.com.de/feinmotorik.html

Jungen und Mädchen lernen zu häkeln, zu stricken sowie mit Nadel und Faden umzugehen oder ein Freundschaftsband für den besten Kumpel zu flechten. Viele Kinder versuchen sich in diesem Alter auch das erste Mal an einem Instrument. Musikschulen sind dafür eine gute Anlaufstelle, wo sich Ihr Nachwuchs an verschiedenen Instrumenten ausprobieren kann, um genau das richtige zu finden.

Das **Ich-Bewusstsein** erlebt einen wahren Entwicklungsschub. Sie realisieren, dass jeder Mensch eine eigene Meinung hat und empfinden dieses als gut. Das Verständnis für andere wird immer besser. Sie können sich in die Emotionen der anderen hineinversetzen, Trost spenden und sich mit anderen Menschen freuen.

Das Ich-Bewusstsein

... ist das Gefühl, man selbst zu sein. Das Ich-Bewusstsein ist nach Ansicht vieler Wissenschaftler bloß eine **Simulation des Gehirns**, ein inneres Modell der Welt mit vielen Schichten. Das Gehirn berechnet dabei aus allen Informationen, die ihm zur Verfügung stehen, was die beste Hypothese, die wahrscheinlichste Variante der Wirklichkeit ist und präsentiert diese dem Individuum. Was man also subjektiv erlebt, ist letztlich nicht Realität, sondern virtuelle Realität, also nur eine Möglichkeit unter vielen möglichen Realitäten. Das Ich-Bewusstsein hat zwei Voraussetzungen: Bewusstsein und Wachheit.

www.https://lexikon.stangl.eu/17907/ich-bewusstsein/

Es wird der Versuch gestartet, aufgestellte Regeln zu begreifen, einzuhalten und auch einmal darüber zu diskutieren, wenn es nötig erscheint. Es erfolgt eine Bewertung von sich selbst und den Menschen im direkten Umfeld. Damit steigt das Ich-Bewusstsein. Der Nachwuchs hat ein stark ausgeprägtes Gefühl für richtig und falsch, verteidigt den besten Freund oder die beste Freundin, auch mit Maßnahmen, die manchmal nicht so fein sind. Das Verständnis dafür, dass sich Konflikte auch mit Worten lösen lassen, kommt erst langsam dazu.

Im Alter zwischen sieben und neun Jahren gehen Kinder auf die Suche nach Idealen. Es stellt sich eine Unterscheidung zwischen ihrer Wirkung, ihrem Verhalten und der

Erscheinung, bzw. dem Aussehen ein. Langsam begreifen sie auch, dass es Unterschiede zwischen Denkweise und Verhalten gibt, die auch von der eigenen Meinung deutlich abweichen können.

Ein guter Freund und eine gute Freundin sind die engsten Vertrauten, mit denen Kinder vieles bereden und sich austauschen. Gleichzeitig sind gerade im Alter von acht bis zehn Jahren Ideale sehe wichtig. Das kann beispielsweise der Onkel, die Patentante, die Oma, ein Sportler oder ein Musiker sein, zu dem Ihr Kind aufschaut und sich mit dieser Person identifiziert.

Der Übergang vom Kindergarten in die Schule

Aus Sicht der Kinder

Seit Wochen und Monaten wird zu Hause nur noch von der bevorstehenden **Einschulung** gesprochen, die für Ihr Kind einen neuen Lebensabschnitt einläutet. Es wird gemeinsam ein Schulranzen mit Federmäppchen und passendem Turnbeutel ausgesucht, sowie eine Schultüte für den ersten Schultag gebastelt. Fast jedes Gespräch dreht sich um die vielen tollen Dinge, die in der Schule auf Ihren Nachwuchs warten.

Die Kleinen begeben sich gerade in dieser Zeit auf eine **Fantasiereise**, die besondere Gefühle hervorruft. Der kindliche Verstand malt sich die neue Situation in den schillerndsten Farben aus. Die dabei entstehenden Emotionen und Gedanken können folgendermaßen aussehen:

- Das Wort Schule ist ein tolles Zauberwort!
- Mama, Papa, Oma und Opa, alle reden nur noch von Schule!
- Die Kleinen stellen sich Schule im Kopf vor und spüren diese Vorstellung intensiv.
- Lesen werde ich lernen. Das ist toll, weil ich mir niemanden mehr suchen muss, der mir etwas vorliest. Der Verstand sagt: *„Das ist prima!"* Das Bauchgefühl kann sich nicht so richtig entscheiden. Es wird aber bestimmt spannend, weil es so viele neue Sachen in der Schule geben wird.

- Der Schulweg ist anders als der Weg zum Kindergarten.
- Da gibt es neue Kinder! Mhhh! Mal schauen, wie das ist!
- Wer geht denn aus meiner Gruppe auch in die gleiche Schule?
- Ist vielleicht das Nachbarskind auch dabei?
- Der Gruppenraum heißt ab dem ersten Schultag Klassenraum. Hoffentlich ist dieser leicht zu finden und genauso schön wie unser Gruppenraum?
- Hoffentlich ist die Lehrerin oder der Lehrer nett und schimpft nicht andauernd!
- Alle sagen, dass jetzt der *„Ernst des Lebens"* beginnt. Sie sagen, dass die Zeit des Spielens vorbei ist. Was mag das wohl bedeuten?
- Für die Einschulung gab es neue Kleidung, auf die ich achten soll.
- Der neue Ranzen ist toll. Hoffentlich ist er nicht zu schwer, wenn alle Bücher und Hefte darin sind.
- Morgen ist der große Tag. Mama ist auf jeden Fall bei der Einschulung dabei und Papa hat sich einen Tag freigenommen. Kommen Oma und Opa auch?
- Die Schultüte. Ich bin gespannt, was da für eine Überraschung drin ist. Hoffentlich etwas Süßes, vielleicht ein Spielzeug und etwas, was ich für die Schule brauchen kann.
- Mama ist ganz aufgeregt und hat den Fotoapparat schon zurechtgelegt, damit ich, wenn ich groß bin, die Bilder vom ersten Schultag immer noch einmal anschauen kann.

- Was ist, wenn es mir in der Schule nicht gefällt? Kann ich dann wieder zurück in den Kindergarten?

Die Vorstellungen und vielen Gedanken der Kleinen sind eine Kombination aus Vorfreude und Angst vor den Dingen, die sich mit dem ersten Tag in der Schule verändern. Ihnen wird plötzlich klar, dass sie jetzt kein kleines Kind mehr sind, sondern zu den Großen gehören. Es gibt für sie keinen Weg zurück.

Die Einschulung

Praktische Tipps und Ratschläge

Beim Wechsel vom Kindergarten in die Schule breitet sich bei Ihrem Nachwuchs ein unsicheres Gefühl aus. Es gibt eine Vielzahl von neuen Eindrücken, nicht nur zu Anfang. Sie müssen sich in einem ganz neuen Gefüge zurechtfinden und dort einen Platz finden.

Jetzt heißt es über einen langen Zeitraum still sitzen und zuhören, was der Lehrer oder die Lehrerin sagen. Es gibt so viele fremde Kinder verschiedener Altersgruppen, denen Ihr Kind auf dem Schulhof begegnet. Dort kann es auch zu Problemen kommen.

Nach der Schule müssen Hausaufgaben gemacht werden. Schon wieder still sitzen und sich nicht ablenken lassen! Dabei wollen die Kinder doch viel lieber draußen mit ihren Freunden spielen. Gerade bei Unsicherheit und ängstlichen Gefühlen werden die folgenden Fragen noch wichtiger. Ihr Kind braucht Rückhalt und Stütze und muss begreifen, dass es nur für sich selbst lernt.

10 Konzentrationsübungen für Grundschüler

1. Ich packe meinen Koffer
2. Zahlenketten bilden und merken
3. Eine gewisse Zeit einfach still sein
4. Eine Geschichte hören und ein bestimmtes Wort zählen
5. Suchbilder in Wimmelbüchern
6. Formen in den vorbeiziehenden Wolken erkennen
7. Ereignisse des Tages rückwärts erzählen
8. Schritte zählen
9. Yoga für Kinder
10. Geschichten mit Fehlern erzählen

Wann ist Ihr Kind schulpflichtig?

In Deutschland gilt eine Schulpflicht für alle Kinder, welche bereits das sechste Lebensjahr vollendet haben, oder dies bis zum folgenden 30. September vollenden werden. Dabei wird bei der Berechnung der Tag der Geburt mitgezählt. Das heißt also, dass das Lebensjahr am Tag vor dem Geburtstag vollendet ist. Konkret sind also auch Kinder schulpflichtig, deren Geburtstag am folgenden 1. Oktober ist, da sie bis zum 30. September das sechste Lebensjahr vollendet haben werden.

Was muss ein Kind können, wenn es in die Grundschule kommt?

Grundsätzlich wird von Ihrem Kind nichts erwartet, wenn es in die Grundschule kommt. Denn die allgemeinen Grundlagen, also Lesen, Schreiben und Rechnen, werden Kindern von Grund weg in der Schule beigebracht. Es reicht vollkommen aus, wenn Ihr Kind den eigenen Namen schreiben kann. Sämtliche sonstigen Kenntnisse sind ein guter und gern gesehener Bonus, aber keine Pflicht. Allerdings ist es von Vorteil, wenn bereits eine kleine Kenntnis bezüglich der Zahlen vorliegt, und Ihr Nachwuchs die Zahlen von 1 bis 10 kennt und in eine Reihenfolge setzen kann.

Checkliste: Entwicklungsaufgaben beim Übergang vom Kindergarten in die Grundschule

Mein Kind kann...

- Anweisungen aufnehmen und sich merken.
- Eine vorgegebene oder selbst gewählte Aufgabe bearbeiten und beenden.
- Das Ergebnis mit dem angestrebten Ziel vergleichen und gegebenenfalls korrigieren.
- An einer Aufgabe dran bleiben, auch wenn sich das gewünschte Resultat nicht sofort einstellt.
- Frustration bei schulischen Aufgaben ertragen und bewältigen.

- Aktuelle, eigene Bedürfnisse zugunsten der schulischen Anforderungen aufschieben.
- Von der aktuellen Tätigkeit zur nächsten Anforderung umschalten.
- Sich trotz vieler Reize von außen konzentrieren.
- Pünktlich sein.
- Sich die vorgegebene Zeit richtig einteilen.

In welcher Schule müssen Sie Ihr Kind anmelden?

Bei der Grundschule haben Sie als Eltern keine Möglichkeit, Ihr Kind auf der Schule Ihrer Wahl anzumelden. Denn es gilt, dass jede Grundschule einen gewissen **Einzugsbereich** hat. Sämtliche Kinder, die in diesem Einzugsbereich wohnen, müssen die gleiche Grundschule besuchen. Dadurch werden möglichst kurze Schulwege garantiert. Außerdem wird so dafür gesorgt, dass die Kinder auch abseits der Schule ein soziales Umfeld aufbauen können. Denn alle Schüler stammen aus derselben Gegend und können daher auch ohne Probleme in der Freizeit miteinander spielen.

Wie kann die Grundschule gegebenenfalls gewechselt werden?

Natürlich kann es vorkommen, dass Eltern eine gewisse Schule bevorzugen, welche nicht die **Einzugsschule** ist. Es können Anträge eingebracht werden, um dies zu erreichen. Solche Anträge werden allerdings nur dann positiv beurteilt, wenn bestimmte Kriterien vorliegen. Dazu können zählen:

- Arbeitsstelle der Eltern in der Nähe
- Wohnort von Verwandten, wie z. B. der Großeltern in der Nähe
- Nachmittagsbetreuung wird in der Wunschschule angeboten

Aber auch wenn die Verkehrssituation einen sicheren Schulweg nicht zulässt oder bereits Geschwister eine andere Schule besuchen, kann ein Antrag auf einen Wechsel der Grundschule gestellt werden.

Wann ist der Einschulungstermin?

Es ist zu beachten, dass jedes Bundesland sowohl zur Anmeldung in der Schule als auch für den Schulbeginn unterschiedliche Termine und Fristen hat. Üblicherweise erhalten Sie als Eltern von schulpflichtigen Kindern einen Brief von der Schulbehörde. Dort wird auf die Fristen und die Termine verwiesen, und auch sonst alles Wissenswerte zur Einschulung erklärt.

Welche Unterlagen werden für Schulanmeldung benötigt?

Bei der Anmeldung Ihres Kindes für die **Grundschule** benötigen Sie die folgenden Unterlagen:

- Den Personalausweis, oder Reisepass der anmeldenden Person
- Die Geburtsurkunde des Kindes

- Personalpapiere Ihres Kindes, soweit vorhanden

Es ist empfehlenswert, sämtlichen Briefverkehr in Bezug auf die Einschulung ebenfalls zur Anmeldung mitzubringen. Dazu gehört das Erstanschreiben der Schulbehörde, aber auch Anträge auf eine Wunschschule oder eine bereits vorliegende Zusage, Ihr Kind in einer Privatschule anmelden zu können.

Ist eine spätere Einschulung möglich?

Vor allem, wenn Eltern denken, das Kind sei noch zu unreif für die Schule, wollen sie es später einschulen lassen. Doch eine **Zurückstellung** kommt nur dann infrage, wenn bestimmte Voraussetzungen erfüllt sind:

- Wenn bereits bei der Voruntersuchung Ihres Kindes durch die Schule darauf hingewiesen wurde, dass Bedenken bezüglich der Reife bestehen, und dies auch durch die Untersuchung bestätigt wird.
- Wenn durch den Erzieher im Kindergarten ein Entwicklungsbericht erstellt wurde, worin auf die Unreife Ihres Kindes eingegangen wird.
- Wenn der Kinderarzt eine schriftliche Empfehlung ausspricht, Ihr Kind später einschulen zu lassen.

Was passiert beim Einschulungstest?

Vor der Einschulung Ihres Kindes ist es Pflicht, dass Ihr Nachwuchs einen Test und eine Untersuchung absolvieren muss. Bei der Untersuchung werden die Kleinen auf die körperlichen Grundfähigkeiten getestet. Dazu gehören Grobmotorik, Gleichgewichtssinn, Sehstärke und Gehör.

Im Test wird einzig untersucht, welchen Entwicklungsstand Ihr Kind aufweist, also die geistigen Grundfähigkeiten überprüft. Logisches Denken wird hier ebenso minimal getestet wie Lesen und Schreiben oder Rechnen. Eine Vorbereitung auf diesen Test ist nicht nötig, da es keine Sieger oder Verlierer gibt. Die Tests dienen einzig dazu, die zukünftigen Schüler und deren Fähigkeiten so gut wie möglich einschätzen zu können.

Der Schulanfang

Wie gelingt ein optimaler Schulanfang?

Die Einschulung ist für Kinder und Eltern ein besonderer Tag und wird wie ein großes Familienereignis gefeiert. Onkel, Tante, Oma und Opa kommen angereist, um den neuen Abschnitt im Leben Ihrer Kinder gebührend zu feiern.

Dennoch sollten Sie genau darauf achten, dass kein zusätzlicher Stress entsteht. Schaffen Sie sich den nötigen Freiraum, um Ihr Kind abzulenken. Wenn es anfängt zu weinen, sollten Sie dafür Verständnis aufbringen. Vermitteln Sie ihm ein gutes Gefühl und das es die neue Situation gut gemeistert bekommt. Der Start in die Schule ist für Ihr Kind zu Beginn eine Reise ins Ungewisse und oftmals auch mit Trennungsängsten verbunden.

Sätze wie *„Jetzt beginnt der Ernst des Lebens"* schüren nur die Angst. Dabei werden Kinder gerade in der ersten Klasse spielerisch an das Lernen herangeführt. Halten Sie sich generell am ersten Schultag zurück und überfordern Sie Ihr Kind nicht damit, dass es ab jetzt still sitzen und leise sein muss. Äußern Sie sich auch nicht negativ über die

Lehrkraft. Für Ihr Kind ist das keine Hilfe, wenn es von Ihnen hört, dass die Lehrerin oder der Lehrer sicher streng ist.

Checkliste: Erstausstattung für die Grundschule

- Schulranzen
- Federmäppchen
  - Schreiblern-Füller
  - Ersatzpatrone
  - 2 Bleistifte
  - Lineal
  - Anspitzer
  - Radiergummi
  - Farbstifte (vorzugsweise Holzbuntstifte statt Fasermaler)
  - Schere
- Sporttasche
- Sportkleidung
  - Kurze Sportkleidung
  - Lange Sportkleidung
  - Sportschuhe mit weißer Sohle für die Halle
  - Sportschuhe für den Außenbereich

- Geldbeutel
- Schulhefte
- Sammelmappe, z. B. für Zeichnungen
- Zeichenblock
- Wasserfarben mit Deckweiß und Pinsel, sowie Wasserbecher
- Umschläge für Schulbücher
- Hausaufgabenheft
- Brotdose
- Trinkflasche
- Regenschirm
- Schreibtisch mit passendem Stuhl
- Kinderuhr

Schulanfang – wer geht mit?

Selbstverständlich ist es richtig, den großen Tag Ihres Kindes ordentlich zu feiern. Der Schulanfang stellt einen Wendepunkt in seinem Leben dar. Es bietet sich an, dass die engsten Verwandten das Kind am ersten Tag zur Schule begleiten. Dazu zählen allen voran natürlich die Eltern, genauer gesagt die direkten Erziehungsberechtigten. Aber auch Großeltern, Lieblingstanten oder - Onkel sind beim Schulanfang gern gesehen.

Schulanfang – wie kann dieser gestaltet werden?

Nach dem ersten Schultag können alle Beteiligten den Schüler gemeinsam abholen. Man kann essen gehen, und dabei alle Details über den Schultag erfahren. Natürlich können auch **sonstige Aktivitäten** unternommen werden. Eine Partie Minigolf eignet sich hier ebenso gut wie ein kleiner Spaziergang am Fluss. Wichtig ist, dass es dem Kind Spaß macht. Denn so wird Schule mit einem positiven Ereignis verknüpft. Doch bei allem Spaß sollte nicht vergessen werden, dass auch am ersten Schultag bereits minimale Hausaufgaben anstehen. Erledigen Sie diese doch gemeinsam mit dem frisch gebackenen Schulkind, und bereiten Sie es so darauf vor, dass in Zukunft auch zu Hause etwas für die Schule gemacht werden muss.

Der Schulranzen – was ist zu beachten?

Der Schulranzen Ihres Kindes muss einiges aushalten. Er sollte also stabil sein, er muss passen und er muss vor allen Dingen gute tragbar sein, um Haltungsschäden und spätere Rückenschmerzen zu vermeiden. Kaufen Sie den Schulranzen mit Ihrem Kind gemeinsam, es wird Ihnen dann schon sagen was gerade "in" ist und der neue Wegbegleiter wird sicher Akzeptanz finden. Und schließlich muss so ein Ranzen auch anprobiert werden wie ein Kleidungsstück, er sollte dicht am Körper zu tragen sein, verstellbare Gurte haben und etwa 1,5 kg Eigengewicht haben. Im gepackten Zustand darf der Ranzen nicht mehr als 10 % des Körpergewichts Ihres Kindes auf die Waage bringen. Das ist schon eine ganze Menge, wird aber häufig überschritten. Wichtig sind auch möglichst viele Reflektoren, vorne und an den Seiten. Da können Sie selbst ruhig noch einige weitere anbringen.

Der Arbeitsplatz – was ist wichtig?

Ein gemeinsames Planen des zukünftigen Arbeitsplatzes wird die zukünftig zu erledigenden Hausaufgaben vielleicht in einem viel attraktiveren Licht erscheinen lassen. Der Arbeitsplatz, der ganz für Ihr Kind reserviert ist, sollte die nötige Ruhe bieten und in einer **Abgeschiedenheit** von der allgemeinen Hektik des Familienalltags angesiedelt sein. Von Vorteil sind Kinderschreibtische, die man in der Höhe verstellen kann und deren Arbeitsplatte man ohne größere Anstrengungen schräg stellen kann. Dazu gehört dann natürlich auch der passende verstellbare Kinderschreibtischstuhl, der Ihrem Kind ein bequemes Sitzen erlaubt. Die Füße müssen voll auf dem Boden stehen, die Oberschenkel sollten waagerecht auf der Sitzfläche aufliegen und die Unterschenkel möglichst senkrecht stehen. Also, beim Kauf unbedingt Probe sitzen. Für das Arbeiten an seinem Schreibtisch braucht Ihr Kind natürlich auch das richtige Licht und Platz in einem Regal, wo es seine Schulsachen ordentlich aufbewahren kann.

Die Schultüte – was kommt rein?

Die Schultüte gehört zum ersten Schultag dazu wie das Amen in der Kirche. Doch was kommt alles in eine richtig gute Schultüte hinein, wenn Sie diese selbst packen möchten? Traditionell sind vor allem Süßigkeiten in einer Schultüte enthalten. Doch wir haben auch ein paar Tipps mit Gegenständen, welche sich in der 1. Klasse als nützlich erweisen können:

Checkliste: Die Schultüte – Ideen abseits von Süßigkeiten und Naschereien

- Glücksbringer
- Schlüsselband mit dem ersten eigenen Haustürschlüssel, ein Zeichen des Vertrauens
- Bastelzubehör, besondere Stifte, etc.
- Brotdose, Trinkflasche, etc.
- Buchstabenkekse zum Essen und Lernen gleichermaßen
- Freunde-Buch oder Poesiealbum
- Minispiele, z. B. zu Verkehrsregeln, Kartenspiel, Jo-Jo
- Erstlesebücher
- Stickeralbum und Sticker
- Spardose
- Geldbeutel, oder Brustbeutel
- Regenponcho
- Kleine Taschenlampe
- Hörspiele
- Kuscheltier

- Magnete
- Schlüsselanhänger

Der Fantasie sind hier keine Grenzen gesetzt, die Hauptsache ist, Ihre Kinder haben Spaß und der Inhalt kann sich teilweise als nützlich für die Schule erweisen.

Der Schulalltag beginnt

Der Schulweg – wie am besten darauf vorbereiten?

Die ersten Wochen oder Monate werden Sie Ihr Kind vielleicht noch auf dem Weg in die Schule begleiten. Aber irgendwann wird Ihr Kind allein zur Schule gehen, also ist es Ihre **Schulaufgabe** mit Ihrem Kind den Schulweg zu trainieren. Wählen Sie nicht den kürzesten Weg, sondern den sichersten. Das heißt, vermeiden Sie schlecht einsehbare Ausfahrten, Kreuzungen ohne Ampeln und Parkplätze, aus denen rückwärts Autos heraus fahren.

Üben Sie den Weg unter realistischen Bedingungen, also morgens um 7:30 Uhr, wenn auch alle anderen Schüler unterwegs sind. Und gehen Sie auch einmal in die Hocke, Sie werden erstaunt sein, wie viel weniger man aus der Perspektive eines Kindes sieht und wie schwer es ist so den Überblick zu behalten.

Gemeinsam geht alles besser. Ihr Kind wird den Schulweg gelassener angehen, wenn es nicht alleine unterwegs ist. Vielleicht kennt es schon einige Kinder aus der Kindergartengruppe, die auch mit ihm eingeschult werden. Aber vielleicht sind es auch die Kinder aus der Nachbarschaft, die schon länger dieselbe Schule besuchen. Auch ein Zweitklässler freut sich, wenn er sich nicht mehr allein auf den Schulweg machen muss. Sprechen Sie einfach Mütter und Väter an, meist erhält man darauf ungemein positive Reaktionen.

Welche Möglichkeiten haben Sie, wenn Ihr Kind mit der Lehrkraft absolut nicht zurechtkommt?

Nehmen Sie das Problem Ihres Kindes ernst, aber dramatisieren Sie das Thema nicht. Oftmals ist es lohnenswert, Ursachenforschung zu betreiben und genauer zu schauen, was für Ihr Kind an der Person so befremdlich ist. Vielfach stellt die Art des Umgangs für Ihr Kind ein Problem dar. Gemeinsam mit der Lehrkraft können Sie anschließend überlegen, welche Möglichkeiten es gibt, um Ihrem Kind ein gutes Gefühl zu vermitteln.

Gemeinhin lernen Kinder zu Beginn für die Lehrerin oder den Lehrer und nicht für sich selbst. Aus diesem Grund sollte von Ihnen der Aufbau einer Beziehung zwischen dem Lehrer und Ihrem Kind unterstützt werden. Untergraben Sie auf keinen Fall die Autorität der Lehrkraft. Falls Ihr Kind nach zwei Wochen Schule immer noch sagt, dass es ihm in der Schule nicht gefällt, weil der Lehrer oder die Lehrerin doof ist, kann ein Wechsel der Klasse helfen.

Welche Probleme können im Schulalltag auftauchen?

Nicht nur Schulkinder, sondern auch die Lehrkräfte stehen vor einer großen Herausforderung. Beide müssen sich neu orientieren. Für Kinder ist der Rollenwechsel noch dramatischer. Es kommt aus dem Kindergarten mit gewohnten Abläufen in ein komplett neues Umfeld, in dem es sich erst einmal zu Recht finden muss. Schlimm kann es werden, wenn die größeren Kinder Ihr Kind ärgern. Sprechen Sie Ihrem Kind Mut zu und sagen Sie ihm, dass es die Lehrkraft um Hilfe bitten soll, wenn es sich belästigt und bedrängt fühlt oder Fragen auftauchen. Halten Sie vom ersten

Schultag an die Ohren offen, damit Sie frühzeitig von Problemen Kenntnis bekommen. Die Aufgabe Ihres Kindes ist jetzt, sich in eine neue Gruppe zu integrieren. Ihre Aufgabe ist es, zuhören zu lernen!

Ihr Kind geht nun schon seit einigen Wochen zur Schule und sollte Ihrer Meinung nach den **Stundenplan** eigentlich im Kopf haben. Aber trotzdem gehören Sätze wie: *"Du hast heute Sportunterricht. Vergiss bitte Deinen Turnbeutel nicht!"*, oder: *"Heute hast Du auch Kunst, bitte packe noch Deine Sammelmappe ein."* zum Familienalltag. Auch wenn Sie sich über die Schusseligkeit und Gedankenlosigkeit Ihres Nachwuchses ärgern, aber Ihr Erst- oder Zweitklässler kann einfach noch nicht auf ein vorausplanendes Gedächtnis zurückgreifen. Sie müssen Ihr Kind immer wieder erinnern, gezieltes Gedächtnistraining oder Eselsbrücken können da helfen. Hier markiert das neunte, zehnte Lebensjahr eine Wende. Ihr Kind kann ab diesem Alter seine eigenen Gedächtnisstrategien einsetzen und nach und nach die Verantwortung für seine Sachen übertragen bekommen. Auch inklusive des Risikos, dass es auch einmal barfuß oder nur mit Strumpfhosen bekleidet am Sportunterricht teilnimmt.

Wie lange ist in der Grundschule üblicherweise Unterricht?

Üblicherweise haben Kinder in der Grundschule nur vormittags Unterricht. Die Schule beginnt meist gegen 8 Uhr morgens (teils auch 08:15). Dann werden vier Schuleinheiten mit dazwischenliegenden Pausen vorgenommen.

Diese gehen normalerweise bis etwa 12 Uhr. Es kann allerdings vorkommen, dass am Vormittag auch spezielle Fördereinheiten eingeschoben werden. Dadurch kann der

Unterricht auch bis kurz nach 13 Uhr dauern. Dies ist von Schule zu Schule unterschiedlich.

Den Eltern wird empfohlen, sich bei der Anmeldung Ihrer Kinder entsprechend zu informieren, damit der Schulweg und die Nachmittagsbetreuung genau geplant werden kann.

7 empfehlenswerte Apps für Grundschüler

- Mathe-Artisten 1. Klasse
- Conni Mathe 1. Klasse
- Lesestart zum Lesenlernen
- ANTON – Lernen – Grundschule bis Gymnasium
- Petterssons Erfindungen
- Richtig konzentrieren – Fragenbär
- Toca Lab

Wie bringen Sie Ihr Kind dazu, die Hausaufgaben zügig und selbstständig zu erledigen?

Es gibt unterschiedliche Gründe, warum Kinder bei den Hausaufgaben trödeln und sie nicht selbstständig machen wollen. Vielfach liegt ein solches Verhalten an Ihrer eigenen Einstellung zur Schule.

Vielleicht üben Sie von Anfang an einen zu großen Druck auf Ihr Kind aus, weil die Hausaufgaben in Ihren Augen nicht ordentlich genug gemacht wurden, während andere Eltern an diese Aufgabe mit Ruhe und Bedacht herangehen. Versuchen Sie sich bei den **Hausaufgaben** zurückzuhalten und nur Hilfestellungen zu geben, wenn Schwierigkeiten auftauchen.

Verbessern Sie auch nicht direkt jeden Fehler. Die Lehrerin wird das schon machen. Sprechen Sie mit der Lehrkraft und fragen Sie nach, wie viel Einmischung bei den Hausaufgaben in Ordnung ist. Schaffen Sie zu Hause ein Umfeld, in dem Ihr Kind gut lernen und sich konzentrieren kann. Sorgen Sie für eine ruhige Umgebung, ohne Ablenkung durch Radio und Fernseher.

Ist Ihr Kind nach der Schule müde und zu unkonzentriert, dann braucht es eine längere Erholungspause. Beim gemeinsamen Mittagessen kann Ihr Kind vom Schulalltag erzählen und Ihnen mitteilen, was es spannendes erlebt hat und was es bedrückt. Wichtig ist, dass Ihr Nachwuchs ein genaues Wissen darum hat, wann Zeit ist, die Hausaufgaben zu machen. Treffen Sie mit Ihrem Nachwuchs eine Vereinbarung, an die sich gehalten wird.

Ein kleines Beispiel: Ihr Kind darf nach dem gemeinsamen Mittagessen noch eine Stunde spielen. Wenn der große Zeiger auf der 12 steht und der kleine Zeiger auf der 2 werden die Hausaufgaben erledigt.

Vermeiden Sie, dass Ihr Kind die Hausaufgaben erst kurz vor dem zu Bett gehen macht. Um diese Uhrzeit sind die Kleinen zu müde, sodass die Hausaufgaben ewig dauern.

Auch über Tag brauchen Kinder manchmal sehr lange. Sie schieben das Aufgabenheft hin und her und spitzen zuerst ewig den Bleistift an. Geben Sie Ihrem Kind mit einem Wecker, der nach einer halben Stunde klingelt, einen liebevollen Ansporn und sagen Sie ihm: *„Mal schauen, ob Du die Hausaufgaben in der Zeit erledigt hast!“* Ihr Kind lernt dabei, wie viel Zeit es vertrödelt, die es bereits mit Spielen hätte verbringen können.

Wie lange sollte Ihr Kind in der ersten und zweiten Klasse für Hausaufgaben brauchen?

Eine Faustregel besagt, dass in den ersten beiden Schuljahren die Hausaufgaben in 30 Minuten erledigt sein sollten. Alles, was diese Zeit überschreitet, ist zu lange. Damit das funktioniert, bedarf es einem ausgeklügelten Konzept, sodass der Nachwuchs Hausaufgaben nicht als Strafe sieht.

Pädagogisch kontraproduktiv ist, wenn von der Lehrkraft Hausaufgaben als Strafe genutzt werden. In puncto **Motivation** wird damit nur das Gegenteil erreicht. Damit die Kinder motiviert bleiben, müssen die Aufgaben erklärt und gemeinsam das benötigte Material zusammengestellt und eingepackt werden.

Eine gute Lernmethode ist das Anpassen der Hausaufgaben an den Leistungsstand der Schüler. Kinder, die schon weiter sind, erhalten Aufgaben, die sich kniffeliger gestalten.

Ihnen stellt sich jetzt sicherlich die Frage, ob das bei einer Klassengröße von bis zu 30 Schülern überhaupt funktionieren kann? Es ist sicherlich möglich und sollte im Sinn der Lehrkraft sein, um die Motivation der Schüler aufrechtzuerhalten und langsamere Schüler nicht zu demotivieren. Wichtig ist, dass durch den Lehrer die gemachten Hausaufgaben angeschaut und würdigt werden. Das funktioniert beispielsweise mit einem lustigen Stempel oder einem Smiley.

Manche Lehrer überfordern die Kinder auch mit zu vielen Hausaufgaben und zu wenige Erklärungen. Wenn Sie das Gefühl haben, sollten Sie dem Lehrer eine Mitteilung darüber zukommen lassen und das persönliche Gespräch suchen. Das gilt für alle Probleme, die in der Schule auftauchen. Wenn das Gespräch mit der Lehrkraft keine Früchte trägt, ist der nächste Ansprechpartner der Schulleiter. Für die schulische Laufbahn von Kindern ist es wichtig, dass keine Frustration aufkommt.

Kinder für die Schule richtig motivieren

Die richtige Motivation zu erlangen, fällt nicht immer leicht. Umso wichtiger ist es, bei Kindern zwischen sechs und zehn Jahren strebsames Lernen zu unterstützen, damit der Nachwuchs auch bei steigendem Druck in der Schule nicht kapituliert.

Schule ist ein Ding aus der Erwachsenenwelt. Davon möchten sich die Grundschulkinder noch distanzieren. Sie lernen erst mit der Zeit, dass sie für sich selbst und nicht für Sie oder die Lehrkraft lernen. Der Weg dorthin ist beschwerlich und erfordert Ihre ganze Geduld und Ihren Zuspruch, damit sich Selbstverantwortung und Eigenmotivation entwickeln kann.

Versuchen Sie sich an Ihre eigene Grundschulzeit zu erinnern. Auch bei Ihnen gab es Phasen der Rebellion, wo Ihre Eltern mit Liebe, Verständnis und Fürsorge Ihnen beiseite gestanden haben. Genauso wie früher ist heute die richtige **Kommunikation** ein wichtiger Aspekt, um mit Ihrem Kind im Gespräch zu bleiben und es bei Problemen zu unterstützen.

15 Punkte die Ihnen helfen die Wenn-Dann-Falle zu vermeiden

1. Lösen Sie einfach das Problem, ohne Drama
2. Bieten Sie Ihrem Kind immer Hilfe an
3. Nachgeben ist keine Schwäche, auch Ihr Kind kann sich einmal durchsetzen
4. Versuchen Sie einen Kompromiss zu finden
5. Sagen Sie klar was Sie erwarten
6. Bleiben Sie stets positiv
7. Lassen Sie dem Fehlverhalten natürliche Konsequenzen folgen, keine konstruierten, die nichts mit der ursprünglichen Verfehlung zu tun haben
8. Bleiben Sie immer ruhig und freundlich
9. Vermeiden Sie Drohungen
10. Sie und Ihr Partner sind stets ein Vorbild
11. Begründen Sie immer, warum Sie etwas von Ihrem Kind möchten

12. Lassen Sie Ihrem Kind Entscheidungsfreiraum und mischen Sie sich nicht bei jeder Kleinigkeit ein
13. Formulieren Sie stets positiv und in persönlicher Sprache
14. Begreifen Sie Ihr Kind als eigenständige Persönlichkeit
15. Geben Sie auch eigene Fehler zu und entschuldigen Sie sich gegebenenfalls

Es wird garantiert auch zu Missverständnissen kommen, weil von beiden Seiten nicht richtig zugehört wird. Setzen Sie sich mehr mit Ihrem Nachwuchs auseinander und schauen Sie einmal genauer hin, wie Sie sich selbst fühlen würden, wenn eine andere Person mit Ihnen so reden würde.

Wenn-Dann-Drohungen sind keine gute Lösung, um Aufmerksamkeit und Lernbereitschaft einzufordern. Formulieren Sie Ihren Erwartungen positiv. Damit sagen Sie inhaltlich das gleiche, erzielen aber eine ganz andere Wirkung bei Ihrem Nachwuchs. Denn ein positiver Satz motiviert Ihr Kind, anstatt es zu frustrieren.

Die 9 Kompetenzen für Erfolg in der Schule

1. **Neugier**
2. **Selbstwertgefühl**
3. **Zielstrebigkeit**
4. **Freiheit**
5. **Resilienz**
6. **Gewaltfreiheit**
7. **Selbstdisziplin**
8. **Emotionale Intelligenz**
9. **Orientierung**

Kindererziehung ist immer eine Gratwanderung, bei der auch die eigene Prägung eine wichtige Rolle spielt. Die Ihnen bei Entscheidungen und Denkweisen auch selbst Steine in den Weg legen kann. Bei einer Fehlentscheidung sollten Sie sich nicht zu fein dafür sein, eine **Entschuldigung** auszusprechen und dem Nachwuchs eine Erklärung dafür geben, was sie so geärgert hat. Damit verlieren Sie weder Ihr Gesicht noch an Macht. Vielmehr ist es ein Gewinn an Souveränität, die Ihrem Kind zeigt, dass Gefühle ruhig ausgedrückt und ausgesprochen werden dürfen.

Was können Sie gegen Mobbing in der Schule unternehmen?

Kinder in der Grundschule können wie Raubtiere sein. Es wird sich ein leichtes Opfer gesucht und nach allen Regeln der Kunst mit ausgeklügelten **Mobbing-Methoden** schikaniert. Es beginnt mit kleinen Prügeleien auf dem Schulhof und kann im späteren Verlauf der Schullaufbahn Ihres Kindes dramatisch ausarten und groteske Formen annehmen.

Leider gibt es keine Zahlen darüber, die eine verlässliche Aussage über Mobbing an Schulen erlauben würde. Jährlich werden etwa 90.000 Prügeleien gemeldet, die ein solches Ausmaß angenommen haben, dass beteiligte Kinder sich anschließend in ärztliche Behandlung begeben mussten.

INFO: Mobbing

Unter Mobbing in der Schule versteht man ein gegen Schüler gerichtetes Drangsalieren, Gemein sein, Ärgern, Angreifen und Schikanieren.

Grundsätzlich lassen sich beim Mobbing drei Erscheinungsformen unterscheiden:

Physisches Mobbing: Hierunter fallen alle Handlungen, die darauf abzielen, eine Person körperlich zu verletzen (z. B. Schlagen, Treten, An-den-Haaren-Ziehen).

Verbales Mobbing: Diese Form umfasst sämtliche verbalen Attacken (z. B. verletzende Spitznamen, verbale Drohungen, Beschimpfungen)

Relationales Mobbing: Diese Form beschreibt das Angreifen und Zerstören sozialer Beziehungen des Opfers (z. B. das bewusste Hinausekeln, Ignorieren, Ausschließen aus sozialen Gruppen).

www.wikipedia.de

Gemäß den statistischen Berechnungen liegt die Zahl der Kinder, die in der Schule gemobbt werden, bei 1,5 Millionen. Das ist demnach jedes 6. Kind. Viele Fälle werden erst gar nicht gemeldet, weil damit der gute Ruf der Schule beschädigt werden könnte. Vielfach wird der Versuch gestartet, die Probleme innerhalb der Schule zu lösen.

Gerade in Grundschulen tritt Mobbing sehr häufig auf, da die **Impulsivität** bei Grundschülern noch sehr hoch ist. Wenn Sie einmal beobachten, wie die Kinder zur Pause auf den Schulhof stürmen, haben Sie schnell das Gefühl, als ob ein Raubtierkäfig geöffnet wurde. Noch nicht ganz aus dem Klassenzimmer raus, gibt es bereits die ersten Rangeleien.

Mobbing äußert sich in der Grundschule durch gezielte körperliche Gewalt gegen einen bestimmten Schüler. Die Folgen davon sind offensichtlich, gerade wenn danach ein Arzt aufgesucht werden muss. Auch wenn die körperlichen Verletzungen wieder heilen, bleibt bei Ihrem Nachwuchs dann ein Gefühl von Angst, Schwäche und Hilflosigkeit. Bei körperlichen Angriffen sind die Lehrkräfte und die Schulleitung die ersten Ansprechpartner, um gemeinsam eine Lösung zu finden. Vielfach stehen Sie solchen Situationen leider machtlos gegenüber, sodass eventuell ein Schulwechsel nötig wird.

Reden Sie mit Ihrem Kind und sagen Sie ihm, dass es sich an eine Lehrkraft wenden soll. Bei einem Erwachsenen Hilfe suchen ist kein Petzen.

Checkliste: Wie schlagfertig reagiert Ihr Kind auf Hänseleien?

... wenn zwei oder mehr Punkte auf Ihr Kind zutreffen, dann sollten Sie mit ihm **Übungen für mehr Schlagfertigkeit** machen, auch vorbeugend.

- Klagt Ihr Kind manchmal darüber, von anderen Kindern gehänselt zu werden?
- Weint Ihr Kind schnell, wenn es gehänselt wird?
- Läuft Ihr Kind eingeschüchtert davon, wenn es geärgert wird?
- Fühlt sich Ihr Kind wehrlos, wenn es Konflikte mit anderen Kindern hat?
- Geht Ihr Kind anderen Kindern gezielt aus dem Weg?
- Zieht Ihr Kind beim Streit mit Geschwistern stets den Kürzeren?
- Wirkt Ihr Kind oft eingeschüchtert und verängstigt?
- Fühlt sich Ihr Kind klein und wehrlos?
- Fühlt sich Ihr Kind schnell ausgegrenzt?
- Hat Ihr Kind Probleme damit, seine Einstellung oder seine Wünsche deutlich zu äußern?
- Ist Ihr Kind sehr schüchtern?

- Wirkt die Körperhaltung Ihres Kindes defensiv (gebeugter Rücken, gesenkter Blick, ...)

Praktische Tipps und Ratschläge für die Erziehung

Wie kann Ihr Kind sich gegen körperliche Angriffe zur Wehr setzen?

Normalerweise bringen Eltern Ihren Kindern bei, dass Konflikte nicht mit Fäusten, sondern mit Worten geklärt werden. In manchen Familien sieht das aber leider anders aus. Gut erzogene Kinder werden mit anderen Kindern konfrontiert, die nur gelernt haben, Ziele mit Gewalt durchzusetzen.

Es gestaltet sich immer schwierig, ruhig zu bleiben, mit der eigenen Wut klarzukommen und nicht zurückzuschlagen. Zeigen Sie Ihrem Kind, wie es sich verbal verteidigen und eine Grenze aufzeigen kann.

Mögliche Sätze bei Angriffen

- „Ich will nicht, dass Du mich schlägst!"
- „Ich will nicht, dass Du mich schubst!"
- „Ich will nicht, dass Du einfach meine Sachen nimmst!"
- ...

Wenn Ihr Kind das nicht schafft, soll es einen Erwachsenen um Hilfe bitten. Damit führt es auch eine Lösung herbei und setzt gleichzeitig ein **Stopp-Signal**. Der Ratschlag, sich zu wehren und zurückzuschlagen ist keine gute Lösung. Die Gewalt wird damit nur gesteigert und kann im Uferlosen enden. Sie wollen doch, dass aus Ihrem Kind ein sozial kompetenter Mensch wird und sich nicht mit „Auge um Auge, Zahn um Zahn" zur Wehr gesetzt wird.

Vermitteln Sie Ihrem Kind, dass bei körperlichen Attacken Wut eine ganz normale Reaktion ist. Lernt Ihr Kind sich verbal zu verteidigen und Gefühle auszudrücken, wird damit das Selbstbewusstsein gesteigert. Andere Kinder merken schnell, dass Ihr Nachwuchs stark und nicht schwach ist. Opfer sind immer nur die Schwachen, egal, ob Junge oder Mädchen.

Sprechen Sie immer und immer wieder mit Ihrem Kind darüber und vermitteln Sie ihm, dass es sich mit Worten wehren und gegebenenfalls einen Erwachsenen um Hilfe bitten soll. Der Angreifer merkt dann schnell, dass Ihr Kind eine schlechte Behandlung nicht so einfach akzeptiert.

Wie erreichen Sie, dass Ihr Kind Ihnen zuhört?

Tausende Male schimpfen Sie mit Ihrem Kind, sprechen Verbote aus und trotzdem ändert das ewige Reden nichts. Immer wieder passieren die gleichen Fehler, was Ihnen das Gefühl vermittelt, dass Ihr Kind Ihnen gar nicht zuhört. Schnell taucht dann bei Ihnen die Frage auf, was Sie eigentlich falsch machen.

Zuerst einmal sollten Sie sich darüber klar werden, dass es die immer lieben und folgsamen Kinder nicht gibt. Schon von klein an versuchen sie ihre Grenzen auszutesten, eigene Entscheidungen zu treffen und immer selbstständiger zu werden.

Als Erwachsener wird Ihr Leben von sozialen **Regeln** bestimmt, die Ihr Nachwuchs noch nicht kennt. Ihm fehlt dafür die Lebenserfahrung. Setzen Sie hingegen diese Regeln voraus, kann das nicht funktionieren. Und wenn Sie tagtäglich immer wieder auf Ihr Kind einreden und es auf Fehler hinweisen, vermitteln Sie, dass es nichts richtig macht. Schnell ist der Punkt erreicht, dass die Kleinen abschalten und gar nicht mehr zuhören.

Um Ihrem Kind Regeln zu vermitteln, sollten Sie nicht warten, bis es wieder etwas falsch gemacht hat, sondern vorher mit ihm über bestimmte Regeln sprechen. Zeigen Sie ihm auf, welche Verhaltensweisen Sie auf dem Spielplatz, im

Sandkasten, im Restaurant von ihm erwarten und wie das Kind sich benehmen soll.

Vergessen Sie dabei nicht zu erklären, warum diese Regeln wichtig sind. Eine gute Vorbereitung ist essentiell. Gehen Sie beispielsweise mit Ihrem Kind in ein Restaurant, nehmen Sie etwas zum Spielen mit. Wird es den Kindern zu langweilig, weil sie ruhig sitzen müssen, versuchen sie durch Ihr Verhalten die langweilige Zeit interessant zu gestalten.

Hält Ihr Kind die Regeln nicht ein, sollten Sie es nicht mit Aufmerksamkeit belohnen und bei jedem kleinen Fehler ermahnen. Überlegen Sie lieber, wie wichtig Ihnen die Situation oder Angelegenheit selber ist oder ob Sie darüber hinwegschauen und die Sache tolerieren können.

Wenn das Umfeld unter dem Verhalten Ihres Kindes leidet, müssen Sie reagieren. Gehen Sie zu Ihrem Kind, sprechen Sie es direkt auf sein Verhalten an und sagen Sie ihm, was Sie sich von ihm wünschen.

Ein kleines Beispiel: *„Werfe bitte nicht mit dem Sand. Damit kannst Du anderen Kindern wehtun. Fülle ihn doch lieber in die Förmchen und in den Eimer“.*

Geben Sie Ihrem Kind gleich eine exakte Handlungsorientierung mit an die Hand und loben Sie Ihren Nachwuchs, wenn er anschließend normal weiterspielt. Wenn Sie nur mit Schimpfen und ohne Belohnung reagieren, merkt Ihr Kind schnell, dass es mit seinem Fehlverhalten sofort Ihre Aufmerksamkeit hat.

Verändert Ihr Kind sein Verhalten nicht und bewirft weiterhin andere Kinder mit Sand, sollten Sie konsequent durchgreifen. Logisch wäre in einer solchen Situation, dass Sie Ihren Nachwuchs für ein paar Minuten aus dem

Sandkasten holen. Weisen Sie es noch einmal auf die Regel hin. Spielt es anschließend normal weiter, sprechen Sie ein Lob aus. So haben Sie ihm die Chance gegeben, sich zu bewähren.

Wie können Sie Einfluss auf einen falschen Umgang nehmen?

Wenn Sie das Gefühl haben, das eine **Freundschaft** Ihrem Kind schadet, sollten Sie den Spielgefährten nicht ablehnen. Ihr Kind wird dadurch nur verunsichert, auch wenn es behauptet, dass ihm die Meinung der Eltern egal ist. Gedanklich beschäftigen sich die Kleinen damit und unternehmen besonders viel mit diesen Freunden, um zu provozieren. Sie geben mit einem Kontaktverbot sogar den Anstoß dafür, dass sich diese Freundschaft sogar noch vertieft.

Auch wenn Ihnen eine Freundschaft nicht gefällt, sollten sie den Umgang nicht verbieten. Vermitteln Sie Ihren Kindern, dass Sie sich für seinen Spielkameraden interessieren und fragen Sie nach.

Haben Sie einen fundierten Einblick in die Freundschaft gewonnen, können Sie bei Gesprächen mit Ihrem Kind konstruktiv Einfluss darauf nehmen. Wenn etwas nicht richtig ist, sollten Sie zuerst mit Ihrem und anschließend mit beiden Kindern sprechen. Dabei können Sie auch die Eltern des Freundes oder der Freundin mit einbeziehen. Greifen Sie nur als allerletztes Mittel zu einem Verbot.

INFO: Ich und meine Freunde

Im Vorschulalter spielt die Dauer einer Freundschaft kaum eine Rolle. Freundschaften werden schnell geschlossen, es wird leidenschaftlich zusammen gespielt, aber wenn es **Unstimmigkeiten** gibt, oder das Spiel beendet ist, dann ist die Freundschaft auch schnell Geschichte. Für Kinder im Grundschulalter wird die Beziehung zu einem Freund schon tiefer, sie zeichnet sich durch gegenseitige Hilfe, teilen und Kooperation aus. Freundschaften bei Jungen sind im Allgemeinen durch gemeinsame Aktivitäten gekennzeichnet, während bei Freundschaften von Mädchen eher das Sprechen über sich und andere bedeutsam ist. Aber bei Jungen und Mädchen ist gegenseitiges Vertrauen gleichermaßen die Grundlage der Freundschaft. Ein **Vertrauensbruch** ist wie ein schlimmes Verbrechen.

Unterschätzen Sie nicht, wenn Ihr Nachwuchs einen guten Freund verliert, sei es durch Umzug, Schulwechsel, Auseinanderdriften in der Entwicklung oder, weil ein Dritter auftaucht und Ihrem Kind den besten Freund, oder die beste Freundin abspenstig macht. Die Gefühle der Kinder stehen denen der Erwachsenen in dieser Situation in nichts nach. Trauer, Verlust, Eifersucht, Neid, Wut, Schuld und Kränkungen müssen erst einmal verarbeitet werden und können zu Appetitlosigkeit und Gereiztheit führen.

Wie Sie es schaffen, dass Kinder aufräumen und im Zimmer Ordnung halten

Für Kinder gibt es nichts Schöneres als Chaos und Unordnung. Der Boden im Kinderzimmer ist bedeckt mit Spielzeug, sodass man nicht mehr unbeschwert auftreten kann. Wie oft sagen Sie den Kleinen, dass sie endlich aufräumen sollen und nichts passiert?

Für Kinder ist es ein Hochgenuss Spielzeug aufzubauen. Wieder abbauen und wegräumen – Fehlanzeige! Haben Sie einmal geschaut, wie es mit Ihrem eigenen Sinn für Ordnung aussieht? Kinder leben das nach, was sie vorgelebt bekommen. Wenn bei Ihnen erst einmal der Tisch abgeräumt werden muss, wenn Besuch kommt, müssen Sie sich nicht über die Unordnung Ihres Kindes wundern.

8 Tipps gegen das Chaos

1. Klein anfangen: immer mit kleinen Aufgaben beginnen, z. B. Nur die Teller zum Tisch tragen, statt den ganzen Tisch für die vierköpfige Familie decken.
2. Nicht zu viel erwarten: Kein Kind räumt sein Zimmer so perfekt auf wie ein Erwachsener.
3. Die Verteilung der Pflichten "aushandeln".
4. Unterschiede machen zwischen Selbstverständlichkeiten und besondere Aufgaben: Selbstverständlich darf ein Schulkind seine getragenen

Sachen nicht einfach auf den Boden werfen, aber das Kind sollte z. B. ohne zu murren, auch mal zum Bäcker laufen, wenn die Mutter vergessen hat Brot zu kaufen.

5. Pflichten gemeinsam erledigen: Vieles erledigt man besser gemeinsam, z. B. mit dem Vater die leeren Flaschen wegbringen.
6. Nicht ständig nörgeln und meckern: Eltern die nie mit etwas zufrieden sind demotivieren die Kinder, diese schalten dann auf Durchzug.
7. Sinnvolle Verknüpfungen herstellen: Die Wenn-Dann-Falle vermeiden, z. B. wenn Ihr Kind nicht den Käfig des Vogels gereinigt hat mit Fernsehverbot drohen.
8. Besser weniger Pflichten verteilen, aber deren Erledigungen dann auch konsequent einfordern.

Unordnung sollten Sie nicht so sehr negativ sehen. Denn ein gewisses Chaos brauchen Kinder, um ihre Kreativität auszuleben. Im Alter zwischen sechs und zehn Jahren werden Spielzeuge miteinander vermischt. Matchbox-Autos fahren durch die Stadt aus Bausteinen, über die ein Raumschiff aus Legosteinen fliegt. Sie entdecken viele neue Spielmöglichkeiten und kreieren sich ihre eigenen Spielabenteuer. Das anschließende Aufräumen ist weniger spannend.

Wenn Sie Ihrem Kind aber zeigen, dass Aufräumen Spaß macht und keine Herausforderung ist, wird Ihr Kind diese Einstellung übernehmen. Geben Sie ihm die Möglichkeit, dabei eine **Hörspiel-CD oder Musik** zu hören. Das heitert auf und sorgt für eine gute Stimmung.

Sagen Sie Ihrem Kind nicht, dass schnell alles wieder ordentlich sein muss und beziehen Sie es mithilfe von kleinen Aufgaben mit ein. Kinder helfen gerne, wenn sie Aufgaben für Sie erledigen dürfen und entwickeln einen gewissen Stolz, weil Sie ihnen das zutrauen. Mit einer klaren Aufforderung, weiß der Nachwuchs, was er machen soll. Die Aussage *„Räum endlich auf"* ist viel zu pauschal.

Benennen Sie einzelne Schritte wie:

- „Leg die CDs in das Regal!",
- „Räum die Schuhe in den Schuhschrank!", und
- „Bring die Schulbrotdose aus dem Schulranzen in die Küche."

Ihr Kind möchte, dass Sie sehen, was es gemacht hat. Darum sollten Sie es dafür loben, wenn es die Aufgaben erledigt hat.

„Dein aufgeräumtes Zimmer sieht ja toll aus. Da freue ich mich sehr."

Die Pädagogik bezeichnet dies als „beschreibendes" Lob. Und es funktioniert! Je detaillierter Sie das Lob formulieren und das Tun würdigen, desto mehr wird Ihr Kind strahlen. Zusätzliche Belohnungen sollten nicht die Regel sein, können aber zwischendurch eingesetzt werden, um den Nachwuchs zu motivieren.

Seien Sie sich im Klaren darüber, dass Ihr Nachwuchs einen eigenen Sinn für Ordnung hat. Das Kinderzimmer ist sein

Reich und dort sollte es selbstverantwortlich darüber bestimmen dürfen, wo es welche Sachen hinräumt.

Um eine Grundordnung zu erreichen, sind Kisten mit kleinen Bildchen eine gute Lösung. Wichtig ist darüber hinaus, dass über Stunden aufgebaute Spielsachen auch stehen bleiben dürfen und nicht wieder abgebaut werden müssen.

9 Tipps um die Medienkompetenz und -erziehung Ihres Nachwuchses zu stärken

Die wichtigsten Empfehlungen für den Umgang mit Fernseher, Computer, Smartphone und Tablet

1. Den eigenen Umgang mit Medien kritisch überprüfen.
2. Vereinbarungen treffen, wobei auch Ausnahmen (z. B. Fußball-WM) erlaubt sind.
3. Über die Inhalte sprechen, aber nicht nur über die Gefahren.
4. Gemeinsam mit den Kindern die Medien nutzen.
5. Gemeinsame Regeln finden.
6. Medien, gerade den Computer, auch kreativ nutzen, z. B. zur Bildbearbeitung.
7. Fernseher und Computer, solange wie möglich aus dem Kinderzimmer verbannen.
8. Dauerberieselung mit Hörspielen und Hörbüchern nicht zulassen.

9. Kinder im Internet begleiten, gemeinsam interessante, altersgerechte Internetangebote entdecken.

Wie viel Taschengeld ist für Kinder zwischen 6 und 10 Jahren richtig?

Ab einem gewissen Alter stellt sich für Eltern die Frage, wie viel Taschengeld Ihr Nachwuchs bekommen und was er davon selber bezahlen soll. Ganz außer Frage steht dabei, warum Kinder schon **eigenes Geld** benötigen. Durch eigens Geld lernen sie damit umzugehen. Nur durch praktische Erfahrungen stellt sich ein Lerneffekt ein, nicht durch das Zuschauen. Wenn Sie selber nur ein paar Euro haben, müssen Sie auch schauen, welche Dinge Sie davon bezahlen.

Ihr Kind kauft sich von seinem Taschengeld Süßigkeiten oder spart es, um sich ein besonderes Spielzeug kaufen zu können. Einfluss nehmen sollten Sie darauf nicht. Es ist das Geld Ihres Kindes und dementsprechend sollte es auch entscheiden können, wofür es das Geld ausgibt. Damit kommt der Nachwuchs zu der Erkenntnis, dass Geld auch ausgehen kann und gewartet werden muss, bis es das nächste Taschengeld gibt.

Als Eltern kommt man schnell in die **Versuchung**, den Kindern etwas zuzustecken, damit sie sich ihre Wünsche erfüllen können. Damit lernt der Nachwuchs aber nicht den richtigen Umgang mit Geld. Reden Sie schon früh darüber, dass die Bank Ihnen nicht unbegrenzt Geld zur Verfügung stellt, sondern dass Sie dafür arbeiten gehen, damit Sie später am Bankautomat Geld bekommen.

Sind Sie finanziell nicht in der Lage, Ihrem Kind Taschengeld zu geben, sollten Sie erklären, warum Sie sich das nicht leisten können. Damit zeigen Sie Ihrem Kind, dass Sie es genauso lieb haben, wie andere Eltern ihre Kinder und die Nichtzahlung von Taschengeld beispielsweise auf Arbeitslosigkeit begründet ist.

Nehmen Sie den Nachwuchs zum **Einkaufen** von Lebensmitteln mit. So erlebt er hautnah, dass Sie genau rechnen müssen, um mit dem knappen Geld auszukommen. Gehen Sie offensiv mit der Situation um. So können Ihre Kinder dafür ein Verständnis entwickeln.

Es gibt bereits Kindergartenkinder, die schon Taschengeld bekommen. Notwendig ist das nicht. Es ist früh genug, wenn Ihr Kind mit Eintritt in die Schule Taschengeld bekommt. Vorher hat es entwicklungspsychologisch noch keinen Bezug dazu, auch wenn sie sich über jede blinkende Münze freuen.

Geldscheine werden erst interessant, wenn der Nachwuchs den Wert von diesem Stück Papier erklärt bekommt. Am Anfang sind ein oder zwei Euro völlig ausreichend. Damit können sie sich allein auf dem Schulweg einen Lutscher kaufen und werden vom Ladenbesitzer als Kunde wahrgenommen. Das stärkt das Selbstwertgefühl, da sich die Kinder groß und erwachsen fühlen.

Wenn Sie Taschengeldentzug als Strafmaßnahme verwenden, berauben Sie Ihren Nachwuchs um seine Planungssicherheit, obwohl Sie eigentlich damit erreichen möchten, dass das Taschengeld besser eingeteilt wird.

Die Taschengeldtabelle als Entscheidungshilfe

Alter des Kindes	Empfohlenes Taschengeld
4 – 5 Jahre	50 Cent pro Woche
6 -7 Jahre	1,50 – 2 Euro pro Woche
8 – 9 Jahre	2 – 3 Euro pro Woche
10 – 11 Jahre	13 – 16 Euro pro Monat
12 – 13 Jahre	18 – 22 Euro pro Monat
14 – 15 Jahre	25 – 30 Euro pro Monat
16 – 17 Jahre	35 – 45 Euro pro Monat
18 Jahre	70 Euro pro Monat

www.taschengeldtabelle.org

Wie Sie am besten mit Fragen zur Sexualität umgehen

Kinder sind neugierig und wollen alles wissen. Da bleibt es nicht aus, dass die Kleinen fragen, wie Babys in Mamas Bauch kommen. Manchen Eltern sich solche Fragen von Ihrem Sprössling überaus peinlich, weil sie gar nicht wissen, ab welchem Alter und wie detailliert Kinder darüber Bescheid wissen sollten.

In einem Alter zwischen sechs und zehn Jahren recht Kinder nicht, wenn Sie ihm erklären, dass Babys dadurch in Mamas Bauch kommen, weil Papa und Mama sich schrecklich lieb haben. Erklären Sie Ihrem Kind ruhig differenzierter, wie Babys entstehen. Versuchen Sie den komplexen Vorgang so kindgerecht und real wie möglich zu übermitteln.

Um Ihnen die **Aufklärung** Ihres Kindes zu erleichtern, gibt es kindgerechte Aufklärungsbücher, die eine gute Hilfestellung sind. Fragen Sie Ihren Nachwuchs, was er bereits darüber weiß und bauen Sie auf dem schon bekannten auf. Ihr Nachwuchs kann die Informationen sehr gut verarbeiten. Darum ist Ihre Angst unbegründet. Über Sexualität zu sprechen, stellt für Sie viel öfter ein Problem dar als für Ihren Nachwuchs.

TIPP: Missbrauch vorbeugen

Dazu bedarf es Aufklärung, Ihr Kind muss wissen:

- Das mein Körper mir gehört und ich selbst bestimme von wem ich angefasst werden darf und von wem nicht.
- Das Zärtlichkeiten etwas Schönes sind, diese müssen aber von beiden Seiten gewollt sein.

- Dass es gute und schlechte Gefühle gibt. Wenn mir etwas Angst macht oder unangenehm ist, darf ich mich auch wehren.
- Niemand hat das Recht mit Drohungen, Gemeinheiten oder Erpressungen mir Angst zu machen.
- Wenn ein Geheimnis mir Angst macht, dann darf ich es ruhig weiter erzählen. Es hat dann auch überhaupt nichts mit petzen zu tun.
- Ich kann mit meinen Eltern über alles reden, auch über unangenehme Dinge.

Kinder reagieren mit Ihrer eigenen Vorstellung auf das Gehörte und finden Geschlechtsverkehr ekelig. Sagen Sie Ihrem Nachwuchs, dass es diese Vorstellung haben darf. Genauso sollten Sie dem Nachwuchs vermitteln, dass der Geschlechtsakt keine mechanische Angelegenheit ist, sondern Gefühle und Emotionen dazugehören.

Wie jedes Thema, was die Kleinen interessiert, finden sie auch Sexualität spannend. Eltern sind halt die erste Anlaufstelle, um Antworten auf die verschiedensten Fragen zu bekommen. Indem Sie mit Ihrem Kind über Sexualität sprechen, können Sie gleichzeitig eine bestimmte Einstellung und auch Werte weitergeben.

Kinder sind nicht wie Erwachsene triebgesteuert. Dementsprechend brauchen Sie nicht zu befürchten, dass Ihr Nachwuchs das Gehörte gleich ausprobieren will. Sexuelle Aufklärung bei Kindern ist eng mit dem Körperempfinden verbunden. Dazu gehört auch das Wissen darum, wie Babys entstehen und wie der eigene Körper reagiert.

Wie helfen Sie Ihrem Kind, bei der Trennung vom Partner?

Wenn Eltern sich trennen, ist das für ein Kind ein traumatisches Erlebnis. Die Trennung ruft nicht nur bei Ihnen Schmerzen, Trauer und **Unsicherheit** hervor, sondern auch bei einem Kind. Erste Priorität hat jetzt der Nachwuchs, der mit der Trennung vor eine neue Herausforderung gestellt wird.

Manchmal wird sich auch die Frage gestellt, ob wegen der Kinder die Ehe und Familie aufrechterhalten bleiben sollte. Ob Sie damit den Kindern einen Gefallen erweisen, steht auf einem anderen Blatt. Ihr Kind sollte glücklich aufwachsen, was nicht abhängig davon ist, ob Sie weiterhin als Familie zusammenleben. Viel wichtiger ist, dass die Bedürfnisse der Kinder erfüllt werden und zu beiden Elternteilen eine intakte Beziehung bestehen bleibt. Beide Dinge funktionieren auch, wenn Sie sich trennen. Für den Nachwuchs ist es wichtig, dass sich für sie Zeit genommen wird. Verbringt der getrennt lebende Partner Zeit mit dem Kind und unternimmt mit ihm etwas, erfüllt er diese Bedürfnisse und schenkt ihm besondere Aufmerksamkeit. Im Zusammenleben war das vielleicht gar nicht so.

Vergessen Sie bei einer Trennung niemals, dass die Beziehung zwischen dem Kind und Mama sowie Papa bestehen bleibt. Trotz Trennung sind Sie immer noch eine Familie, auch wenn sich die Umstände jetzt anders darstellen und manchmal schmerzhaft sind. Darum sollten Sie in Krisenzeiten auf der Elternebene miteinander kooperieren und nicht Ihren Frust und Ihre Enttäuschung auf dem Rücken der Kinder austragen.

Für Kinder ist das eine große **Belastung** und führt dazu, dass sich der Nachwuchs ausgrenzt. Bei den Kleinen stellt sich die Denkweise ein, dass sie Schuld an der Trennung haben und Sie sie nicht mehr lieb haben. Wirken Sie diesen Gefühlen entgegen, indem Sie Ihrem Kind klarmachen, dass Ihre Konflikte nicht seinetwegen entstanden sind. Reden Sie niemals schlecht über den Ex-Partner in Gegenwart Ihres Kindes.

Wenn Sie eine gute, richtige Umgangsweise mit dem Ex-Partner pflegen und dem Kind das Gefühl geben, dass es von Ihnen beiden geliebt wird und es beide gleich intensiv lieben darf, machen sie nichts verkehrt. Sie zeigen dem Nachwuchs, dass Sie trotz Trennung, den anderen respektieren und konstruktiv nach Lösungen suchen, wie es weiter gehen soll. Ihr Kind lernt dadurch eine ganze Menge für sein eigenes zukünftiges Leben. Vielfach sind Trennungskinder in der Entwicklung deutlich reifer und auch glücklicher, weil trotzdem Ihre Bedürfnisse erfüllt werden.

Jetzt stellt sich Ihnen sicherlich die Frage, welche Bedürfnisse das sind. Kinder haben das Bedürfnis nach Geborgenheit. Bei Trennungskindern entsteht mitunter große Angst, dass sie von den Eltern verlassen werden. Wichtiger als Erklärungen sind die Erfahrungen, die Ihr Nachwuchs in der Situation macht. Darum sollten sich beide Elternteile Zeit für den Sprössling nehmen und ihm zeigen, dass Sie immer für ihn da sind. Kommt Papa beispielsweise zum nächsten Fußballspiel und feuert den Nachwuchs an, empfindet er ein großes Gefühl von Sicherheit.

Geht eine Ehe oder Lebensgemeinschaft in die Brüche, brauchen Kinder besonders viel Zuwendung, die Sie ihnen vielleicht zum jetzigen Zeitpunkt nicht geben können. Darum ist es besonders wichtig, dass Sie sich zusammen überlegen, welche Änderungen für die Kinder eintreten und wie Sie ihnen diese schwere Zeit so einfach wie möglich machen können.

Suchen Sie Bezugspersonen für Ihre Kinder, die liebevoll sind und nicht einem von Ihnen den Vorzug geben. Das können beispielsweise Oma und Opa oder Tante und Onkel sein, die sich Zeit für den Nachwuchs nehmen. Für Kinder ist es wichtig, dass ein Netz aufgebaut wird, das den Nachwuchs stützt, seine Sorgen versteht und hilfreich zur Seite steht.

Der richtige Umgang mit Lob

Es gibt diese Eltern, die ein Kind bei jeder Kleinigkeit loben und selbst den schiefsten Klavierton oder unordentlich gemachten Hausaufgaben bejubeln. Psychologen warnen sogar davor und plädieren dafür, mit mehr Aufrichtigkeit mit Kindern umzugehen.

Eine kleine Geschichte: Es ist der letzte Tag in der Grundschule. Die Viertklässler werden entlassen, um nach den großen Ferien die weiterführende Schule zu besuchen. Dafür haben sich die Lehrer und anderen Kinder etwas Besonderes ausgedacht. Sie haben Gedichte aufsagen geübt und gemeinsam ein Abschiedslied für die Großen einstudiert. Natürlich sind alle Eltern der Grundschulkinder eingeladen, um das große Ereignis mitzuerleben.

Ein Achtjähriger betritt die Bühne. Sobald das erst Wort des gelernten Gedichts über den Äther erklingt, zückt seine Mutter das Smartphone und nimmt den ganzen Vortrag auf. Wie er sich freut, dass er vor der ganzen Schule das Gedicht vortragen darf! Seine Mutter fordert den Rest des Saals dazu auf, die tolle Leistung mit Beifall zu belohnen. Das Gedicht ist kaum zu Ende, stürmt sie zu ihrem Jungen, drückt ihn und sagt ihm, wie toll er das gemacht hat und wie stolz sie doch auf ihn ist.

Der Junge wollte gar nicht auf der Bühne stehen und das Gedicht vortragen. Fehlerhaft und stockend hat er das Gedicht zwar vorgetragen. Doch jeder hat gemerkt, dass der kleine Mann das Gedicht völlig gelangweilt abgelesen hat.

Es ist nicht falsch, das eigene Kind und Menschen im Umfeld zu loben und diesen Personen mehr Aufmerksamkeit zu schenken. Ein Lob streichelt die Seele und gibt dem Gelobten ein gutes Gefühl. Trotzdem hat manches Lob einen bitteren Beigeschmack, weil es nicht ehrlich ist.

Sie müssen Ihren Nachwuchs nicht gleich als den nächsten berühmten Künstler sehen, weil es ein paar bunte Striche auf ein Blatt Papier gemalt hat. Viele Eltern brechen förmlich in ekstatische Lobeshymnen und Beifallsstürme aus, wenn von Ihren Sprösslingen in der Schule Bastelarbeiten ausgestellt und bunte Bilder aufgehängt werden.

Die Lobeshymnen auf das eigene Kind sind oftmals ohne Sinn und Verstand. Es wird einfach davon ausgegangen, dass Loben für das Kind wichtig ist und es ihm guttut. Eine Vielzahl von mittlerweile durchgeführten Studien zum Thema Loben belegen aber, dass Eltern damit in keinster Weise richtig handeln. Denn es kommt immer darauf an, wofür und wann ein Lob ausgesprochen wird und nicht, ob überhaupt gelobt wird.

Die weitverbreitete Überzeugung, dass Kinder für ihr Seelenheil immer gelobt werden müssen, ist eine Annahme, die jeglicher Grundlage entbehrt und nicht bewiesen ist. Das sagt auch Herbert Renz-Polster. Er ist Buchautor und Mediziner an der Universität in Heidelberg.

Durch besonders viel Lob entwickeln Kinder ein ausgeprägtes **Selbstwertgefühl**. Diese These ist schlichtweg falsch, auch wenn sie landläufig immer wieder als richtig angesehen wird. Für die Entwicklung von Selbstwertgefühl sind Erfahrungen wichtig und nicht das subjektive Bild, dass durch die Eltern mit Lobeshymnen aufgezeigt wird. Sie müssen nicht gleich in Beifallsstürme ausbrechen, wenn Ihrem Kind etwas gelingt. Genauso wenig ist es sinnvoll in Mitleidsbeteuerungen zu zerfließen, wenn etwas nicht funktioniert. Ihr Nachwuchs regelt solche Dinge seit dem Kleinkindalter selbst.

Entwicklungspsychologen haben eine ganz eigene Meinung zu solchem elterlichen Verhalten und raten dazu, beispielsweise positives soziales Verhalten mit Lob mehr Gewicht zu geben. Die Sache an sich erzeugt schon genug positive Effekte. Außerdem lernen Kinder damit nicht, dass sie sich richtig verhalten haben, sondern vielmehr, dass ihnen jederzeit Aufmerksamkeit entgegengebracht wird. Dieses bestätigt auch Joan Grusec, die an der Universität in Toronto die Entwicklung von Kindern zu sozialen Wesen erforscht hat.

Sie sollten Ihr Kind nicht dafür loben, wenn es dem Geschwisterkind das Spielzeug überlassen hat. Sehen Sie es als **Freigiebigkeit**. Damit vermitteln Sie dem Nachwuchs, dass dieses Verhalten auf der eigenen Motivation beruht. Um soziales Verhalten zu begreifen und richtig anzuwenden, darf das Tadeln nicht fehlen. So entwickeln die Sprösslinge ein Verständnis dafür, dass andere Menschen auch eigene Bedürfnisse haben. Ein erhobener Finger ist bei einem Tadel fehl am Platz. Orientieren Sie sich im Gespräch mit Ihrem Kind lieber an den Fragen, die es stellt.

Grusec kann sich sogar vorstellen, dass Erziehung auch ganz ohne Loben sehr gut funktioniert. Das heißt nicht, dass Sie als Eltern nicht stolz auf Ihr Kind sein dürfen. Sie sollten aber unterscheiden, ob Sie stolz auf das Verhalten oder die Person sind. Wird einmal bei afrikanischen und asiatischen Kulturen geschaut, zeigt sich, dass dort bedeutend weniger oder sogar gar nicht gelobt wird. Es gibt keine eindeutige Meinung dazu, ob in der westlichen Kultur weniger oder gar nicht mehr Loben so einfach umsetzbar ist.

Eindeutig ist aber, dass Ausrufe wie *„Was bist Du nur für ein toller Schatz!"* Kinder im Grundschulalter an einer solchen Aussage zweifeln lässt. Denn dieses Lob entbehrt jeglicher Ernsthaftigkeit. Gestern hat es doch erst Ärger gegeben, weil beim Hausaufgaben machen getrödelt wurde. Die Arbeiten von Carol Dweck von der Universität in Stanford zeigen, dass Kinder durch überschwängliches Loben unsicher werden. Mit zunehmendem Alter stellen sie sich die Frage, ob aus dem Lob nicht Mitleid spricht und die Eltern es für nötig erachten, sie mit übertriebenem Lob zu verwöhnen.

Loben und übertriebenes hervorheben erzeugt bei Mädchen **Stress**. Eine weitere Studie von Dweck zeigt, dass gerade Kinder im Grundschulalter und auch ältere besonders sensibel dafür sind, ob sich das Lob auf ihr Können bezieht oder wie sie die Lösung eines Problems behandeln. Kinder, die nach einer Klassenarbeit immer wieder gesagt bekommen, wie gut sie doch sind, stehen einer Situation, wo es einmal nicht so funktioniert hat völlig hilflos gegenüber. Wenn Sie Ihrem Kind hingegen sagen, dass es sich große Mühe gegeben hat, lernt mit mehr Beständigkeit und macht größere Fortschritte.

Loben kommt bei Jungen und Mädchen im Grundschulalter auf unterschiedliche Weise an. Mit dem Satz *„Du bist aber besonders gut im Schreiben!“* erzeugen Eltern einen massiven Druck, der bei Mädchen große **Versagensängste** auslöst. Um Motivation zu erzeugen, sollten Sie die Anstrengung der kleinen Prinzessin beim Loben zum Thema machen. Bei Jungen gibt es keinen Einbruch der Motivation, wenn Sie ein Lob über sein Können aussprechen.

Durch übertriebenes, häufiges Loben erzeugen Sie bei Ihrem Nachwuchs ein unrealistisches Bild, weil Sie bei Ihrer Erwartungshaltung nicht bis zu Ende gedacht haben. Nach einer Auswertung von mehr als 100 Studien, die am Reed College in Oregon von Mark Lepper und Jennifer Henderlong durchgeführt wurde, haben die beiden folgenden Grundsatz in Bezug auf Lob formuliert:

„Wenn Sie loben, sollte dieses aufrichtig sein! Vermeiden Sie übertriebenes, allgemeines und offensichtlich manipulatives Lob, weil dieses nur Schaden anrichtet.“

Kinder zwischen sechs und zehn Jahren sind keine kleinen Klavierwunder, Rechengenies oder der neue Stern am Kunsthimmel, der in die Geschichte eingehen wird. Viele Eltern wollen Ihre Kinder aber damit nicht konfrontieren, dass ihr Kunstwerk oder die musikalische Darbietung dem Alter entsprechend ist.

Seit längerer Zeit empfehlen Psychologen beim Loben beschreibend vorzugehen, auch wenn diese Form mehr Zeit in Anspruch nimmt. Anstatt zu sagen, *„Das war super!“, sollten* Sie dem Nachwuchs sagen, dass es Ihnen gefällt, wie es jetzt die schwierigen Rechenaufgaben löst und genau darauf achtet, die Zahlen sauber und ordentlich untereinander zu schreiben. Dadurch lernen Kinder, Ihre Erwartungen richtig zu bewerten.

Häufiges Loben zerstört den **Motivationseffekt**, da er ja immer verfügbar ist. Davon geht der Neurowissenschaftler Emrah Düzel der Magdeburger Otto-von-Guericke-Universität aus, der beispielsweise zum Thema *„Loben für das Lernen neuer Dinge“* Untersuchungen durchgeführt hat, um zu erfahren, wie wichtig Loben ist.

Durch Lob wird im Körper mehr Dopamin ausgeschüttet, welches eine große Wirkung im Belohnungszentrum des Gehirns auslöst. Der Botenstoff steigert die Motivation und hilft Kindern beim Lernen. Bereits durch den Gedanken an das zu erwartende Lob stellt sich ein angenehmes Kribbeln ein. Das anschließend ausgesprochene Lob hat nur noch die Aufgabe, den in Gang gesetzten Mechanismus in Bewegung zu halten. Loben Sie Ihr Kind zu schnell und zu oft, nimmt das System den positiven Effekt gar nicht mehr wahr.

Eltern, die sparsam mit Lob umgehen, schützen Ihre Kinder, da sich keine Abhängigkeit zu dieser körpereigenen Droge einstellt. Der Nachwuchs hat nicht die Einstellung, *„egal, was ich mache, ich bekomme immer dafür ein Lob von Mama und Papa“*, sondern verzichten sogar darauf, weil eine spätere Belohnung besser ausfällt.

Die Denkweise, die sich bei Ihrem Kind entstellt, ist wichtig für viele Entscheidungen, die es fällen muss. Das sogenannte **Delay-Discounting** (dt. Belohnungsaufschub) stellt Ihrem Kind beispielsweise die Möglichkeit bereit, nicht sofort das gesamte Taschengeld auszugeben, sondern zu sparen, um sich später einen größeren Wunsch zu erfüllen.

Sehr heikel stellt sich auch vergleichendes Lob dar. Kindern ist es sehr peinlich, wenn sie von einer Lehrkraft vor der ganzen Klasse gelobt werden. Der motivierende Effekt bleibt aus, der damit eigentlich erreicht werden sollte. Daher sollten Sie mit Lob sehr zurückhaltend sein, gerade gegenüber Geschwisterkindern. Kinder können dadurch das Gefühl entwickeln, dass der kleine Bruder oder die kleine Schwester mehr geliebt wird als sie selbst. Hierbei gilt, dass Lob immer beschreibend erfolgen sollte, um keine negativen Gefühle bei anderen hervorzurufen.

Die richtige Dosis Lob für Dinge, die Ihr Kind verändern kann, darauf kommt es an!

Dauerhaftes, oberflächliches Loben kommt fast einer Vernachlässigung gleich und erzeugt gleich zwei negative Effekte. Ihr Nachwuchs lernt, dass es nicht um die Sache, sondern um den Sieg geht und gleichzeitig wird Ihr Kind zum schlechten Verlierer.

Sie können damit nicht umgehen, wenn Sie ihm sagen, dass ein anderes Kind besser ist als es selbst. Diese Meinung vertritt der Entwicklungspsychologe Herbert Scheitauer, der das sogenannte **Papilio-Programm** mitentwickelt hat. In diesem Programm steht die Prävention von Verhaltensproblemen ganz weit vorne. Dazu gehört auch, dass Eltern lernen, wie sie die Kinder richtig loben. Das Programm vermittelt, das loben nichts mit dem Wert eines Menschen zu tun hat.

Darum sollten Eltern die Kinder für Dinge loben, die sie gut können. Wichtig ist dabei aber, den Kindern dabei klarzumachen, dass dies Ihre persönliche Meinung ist und die allgemeine Meinung ganz anders aussehen kann. Damit geben Eltern den Kindern das nötige Rüstzeug mit auf den Weg, auch Niederlagen zu verkraften und sich das nächste Mal noch mehr anzustrengen, um auch von anderen Menschen gelobt zu werden.

Vorpubertät – wenn aus Kindern kleine Rebellen werden

Gestern war noch alles ganz normal und plötzlich türmen sich Gewitterwolken auf. Sie sind die Vorboten dafür, dass sich etwas verändert, obwohl bisher noch nichts zu sehen ist. Mit ungefähr zehn Jahren, wenn sich die Grundschulzeit dem Ende zu neigt, gibt es die ersten Hinweise dafür, dass ein Hormongewitter losbricht und die Pubertät anfängt. Es kommt zu heftigen Gefühlsausbrüchen und dicken Krokodilstränen. Um zu wissen, was mit Ihrem Sprössling los ist, brauchen Sie nur einen Blick in das Kinderzimmer zu werfen.

Dort wohnen nicht mehr nur Teddybären, Barbie und Legosteine. Dazu gekommen sind Poster von dem einen heiß geliebten Popstar und coole, Abenteuer-geladene Playstation-Spiele. Diese Veränderung im Kinderzimmer zeigt Ihnen, dass die Hormone in Angriffsstellung auf der Lauer liegen.

Die Phase, in der sich Ihr Kind nun befindet, wird landläufig auch als Vorpubertät bezeichnet. Sie liegt vor der sogenannten **Latenzzeit**. Der Begriff Vorpubertät stammt aus der Entwicklungspsychologie und umfasst den Zeitraum zwischen dem sechsten und zehnten Lebensjahr. In dieser Zeit erwacht die Sexualität aus dem Dornröschenschlaf.

Die Waldorfpädagogik nach Rudolf Steiner beschreibt diese Phase als Rubriken, in denen Kinder im Alter von neun und zehn Jahren die Fähigkeit zur inneren Distanz erwerben. Dabei erfolgt eine Trennung zwischen dem Rest der Welt und sich selbst. In diesem Lebensabschnitt stellt sich der sogenannte „Hummerkomplex", eine momentane Schutzlosigkeit ein, weil der alte Kindheitspanzer abgeworfen wird.

INFO: Latenzphase

Meist wird unter der Latenzphase eine psychosexuelle Entwicklungsverzögerung beim Kind verstanden, die vom Ende der frühen bis zum Beginn der späten genitalen Phase reicht, also etwa vom 6. bis 12. Lebensjahr. In dieser Periode wird die kindliche Sexualität nicht weiterentwickelt. Das **soziale Netzwerk**, das bisher hauptsächlich die Familie war, wird erweitert. Nach Sigmund Freud ist dieser Entwicklungsverlauf psychodynamisch (innerseelisch) bedingt durcheinander beeinflussende gegenläufige Tendenzen. Die Latenz besagt also nicht, dass es keine psychosexuellen Impulse bei Kindern während der Latenzperiode gibt. In dieser Zeit überwiegen lediglich die hemmenden Kräfte, wie Ekel, Schamgefühle und moralische Idealanforderungen. Diese weisen auf verstärkte Momente der Ich-Entwicklung hin.

www.wikipedia.de

Der Entwicklungspsychologie zu Folge gibt es die Vorpubertät gar nicht, denn es setzt bereits in diesem jungen Alter die Pubertät ein. Der Nachwuchs weiß nicht, ob er Fisch oder Fleisch ist. Obwohl Ihr Aussehen immer noch einem Kind entspricht, stellt sich ein befremdliches Verhalten ein, womit Eltern manchmal nur schwer umgehen können. Einerseits ist der Nachwuchs sehr verschmust, andererseits macht er mit seiner Kratzbürstigkeit einem stacheligen Igel

Konkurrenz. Kinder legen ein kindliches Verhalten an den Tag und grenzen sich andererseits sehr stark ab. Diese gleichzeitig auftauchenden Phänomene sind für Eltern eine große Herausforderung.

Die vorpubertäre Entwicklung ist bei Jungen und Mädchen nicht gleich. **Mädchen** sind deutlich früher dran und leben diese Phase mit heftigen Stimmungsschwankungen sehr exzessiv aus. Das Köpfe zusammenstecken mit der besten Freundin nimmt an Wichtigkeit zu. Gleichzeitig gibt es aber auch die Phasen, wo sich Mädchen komplett zurückziehen.

Sie schwanken zwischen Trägheit und dem großen Drang, etwas zu unternehmen. Dabei sind die Grenzen sehr eng gesteckt. Sie sind auf dem Weg, sich zur Frau zu entwickeln und probieren viele Dinge aus, die ihnen durch Bilder in den Medien im Kopf herumschwirren. Verurteilen Sie Ihr Mädchen nicht, wenn es mit Make-up und bauchfreiem Oberteil herumlaufen möchte. Das wäre rundweg falsch. Beziehen Sie lieber Position und sagen Sie offen und ehrlich Ihre Meinung. Heute hat sich bei den Meisten eine liberale Neigung eingeschlichen, auch wenn das Herz und das Bauchgefühl etwas ganz anderes sagen.

Auch **Jungen** haben besondere Eigenarten in der Vorpubertät. In den sogenannten Flegeljahren wird sich an Medienfiguren und Superhelden orientiert und nicht an Kindern im gleichen Alter. Der Gruppenkodex bekommt eine deutlich größere Bedeutung und geht mit bestimmten Begrüßungsritualen einher. Sie haben einen großen Bewegungsdrang, weil die überschüssige Energie irgendwo hin muss. Das Motto heißt jetzt „höher, schneller, weiter“ und ist der Startschuss für den **Wettkampf**. Über diese Lebensphase von Jungen gibt es eine ganze Reihe von Büchern. Dazu gehören die ersten Bände von Harry Potter genauso wie „Das fliegende Klassenzimmer“ von Erich Kästner, die sich mit der Vorpubertät befassen und eine gute Identifikationshilfe bereitstellen.

Kinder in der Vorpubertät sind oftmals kleine Rotzlöffel. Abhängig vom Temperament ist dieses Verhalten mehr oder weniger ausgeprägt. Eine Gemeinsamkeit haben sie aber alle. Den Spagat zwischen Kind und Erwachsensein müssen sie erst einmal schaffen. Denn damit sind auch Veränderungen und neue Situationen verbunden, mit denen sie fertig werden müssen. Erwachsenwerden bedeutet sich abnabeln und selbstständiger werden. Die Kinder müssen sich damit auseinandersetzen, sich selbst von den Eltern abzugrenzen. Das damit einhergehende Verhalten hat eine schmerzliche und auch kränkende Wirkung.

Als Eltern brauchen Sie sich von Ihrem Sprössling in dieser Lebensphase nicht alles gefallen zu lassen. Genau jetzt ist der richtige Zeitpunkt, für Gespräche, in denen Sie Ihrem Kind klarmachen, was Ihnen wirklich wichtig ist. Suchen Sie das Gespräch, wenn der kratzbürstige Besen wieder zum sanften Lamm geworden ist oder nach einer Schmuseeinheit verlangt. Sprechen Sie Ihren Nachwuchs auf seine Träume, Wünsche, Ziele und Gedanken an und lassen Sie ihn auch über seine Unsicherheit und Ängste reden.

Wählen Sie einen anderen Weg stehen Ihnen jahrelange Machtkämpfe mit großem Leid bevor. Sie stufen Ihr Kind als unmöglich ein und greifen zu der Rechtfertigung, dass sich die Zeit der Pubertät extrem schwierig dargestellt. Sie werden garantiert genug Mitleid von anderen Erwachsenen erhalten, zahlen aber gleichzeitig dafür einen hohen, schmerzhaften Preis.

Versuchen Sie sich gegenüber Ihrem pubertierenden Kind eine verständnisvolle Haltung anzueignen und fordern Sie gleichzeitig einen respektvollen, höflichen Umgang ein.

Beziehen Sie Position und wiederholen Sie diese, wenn es nötig ist. Das ist extrem wichtig. Immer in allen Situationen die Balance zu halten, ist natürlich extrem schwierig, gerade wenn andere Probleme vorhanden sind.

Lassen Sie sich auf keine langen **Diskussionen** mit Ihrem Kind ein, wenn es beispielsweise um respektvollen Umgang geht. Zeigen Sie dem Nachwuchs kurz und knapp formuliert die Grenzen auf. Damit haben Sie eine Botschaft gesendet, die jede weitere Debatte überflüssig macht. Indem Sie ein klares Statement abgeben, bleiben die Kommunikationskanäle mit Ihrem Kind offen. Damit eröffnet sich für Sie auch die Möglichkeit, eine Fehlentscheidung einzugestehen, ohne das Gesicht zu verlieren.

Darum sollten Eltern sich auch bei Ihren Kindern entschuldigen, wenn sie einen Fehler gemacht haben und über das Ziel hinausgeschossen sind. Mit einer Entschuldigung zeigen Sie Größe und behalten Ihre Vorbildfunktion. Bedenken Sie immer, dass in der Erziehung Vorbilder eine große Wirkung auf ein Kind haben!

Der Partner ist in der Teufel-, Engel-Phase des Kindes nicht immer die beste Stütze, gerade wenn die Denkweisen über die Vorbildfunktion deutlich auseinandergehen. Freunde erlangen in einer solchen Situation einen ganz neuen Stellenwert. Es ist ungemein entlastend, wenn Sie mit einem engen Vertrauten über die problematischen Situationen sprechen können und erfahren, dass anderswo die gleichen Konflikte ausgetragen werden.

Langjährige Lebensbegleiter können Ihnen sogar einen Spiegel vorhalten, weil Sie diese Lebensphase bei Ihnen miterlebt haben und aufzeigen können, wie Sie in dieser Zeit waren. Die Konflikte heute haben sich im Vergleich zu denen in Ihrer Kindheit nicht geändert, genauso wenig wie das pubertäre Verhalten.

Eine kleine Geschichte: Ihre langjährige Freundin ist bei Ihnen zu Besuch und bekommt mit, dass Sie völlig entsetzt darüber sind, wie Ihre Tochter mit einer völlig zerrissenen Jeans auf die Straße gehen möchte. *„Das ist nicht Dein Ernst. Die zerrissene Jeans kannst Du doch nicht zur Geburtstagsfeier Deiner Freundin anziehen."*

Sie schauen Ihre Freundin an und beginnen herzhaft zu lachen. Denn als Sie in dem Alter waren, haben Sie tausendmal die zerrissene und geflickte Jeans aus dem Kleidersack gefischt und immer wieder angezogen. Ihre Tochter wird Sie in diesem Moment etwas verwirrt anschauen. Die Erkenntnis, dass Sie früher nicht anders waren, verbreitet in Ihnen eine angenehme Entspannung und erzeugt tagelang ein inneres Lächeln.

Mit Ihren Erinnerungen an Ihre eigene Zeit in der Vorpubertät und anschließenden Pubertät bringt Sie mit Ihrem Nachwuchs gut durch diese Lebensphase. Sie machen sich Gedanken darüber, wie damals Ihre Wünsche, Träume und Ziele aussahen und was Ihnen gefehlt hat. Durch die Gedankenreise in eine längst vergangene Zeit, eröffnen sich Ihnen gewisse Anhaltspunkte. Vergessen Sie dabei aber nicht, dass Ihr Kind nicht das Ebenbild Ihres Ichs, sondern ein eigenständiger Mensch ist.

Die Vorpubertät kommt nicht plötzlich und ist auch kein Szenario, das Angst und Schrecken verbreitet. Vergleichen Sie diese Zeit und die anschließende **Pubertät** viel lieber damit, wie aus einer Raupe ein wunderschöner Schmetterling entsteht, der in seiner vollen Pracht aus dem Kokon schlüpft.

Ralph Dawirs bezeichnet diese Entwicklungsphase der Kinder als Metamorphose. Es ist nicht alles bekannt, was in den kleinen Menschen vor sich geht. Das müssen Eltern und Forscher auch nicht alles wissen. Bleiben Sie immer in Kontakt mit Ihrem Kind, zeigen Sie Interesse und geben Sie keinesfalls auf, egal wie schwierig es gerade auch ist.

Eltern sind für Kinder die wichtigsten Vertrauenspersonen und zuverlässigen Ansprechpartner, die immer da sind. Gerade in dieser Lebensphase brauchen Kinder einen starken, verlässlichen Menschen, der sie auf dem Weg zum Erwachsenwerden begleitet. Dazu gehört auch, dass Sie Grenzen setzen und genauso Kompromisse eingehen.

Zweifel und Unsicherheit werden immer mal wieder auftreten. Das ist ganz normal. Denn kein Mensch schafft es immer souverän und cool zu bleiben. Schaffen Sie ein gutes Gleichgewicht zwischen Verständnis, Großzügigkeit und klaren Grenzen, ohne zu streng oder zu Laissez-faire zu sein. Damit helfen Sie Ihrem Kind mit den vielen Veränderungen im Alter zwischen sechs und zehn Jahren umzugehen.

Grundschule und danach?

Von der Grundschule zur weiterführenden Schule

Mit zehn Jahren oder spätestens mit elf Jahren steht der Wechsel von der Grundschule zur weiterführenden Schule an. Für Eltern fällt die Entscheidung nicht immer leicht, auch wenn die Grundschule für den passenden Schultyp eine Empfehlung ausspricht. Denn die Frage stellt sich immer noch, ob Ihr Kind mit Gymnasium, Gesamtschule, Ganztagsschule oder alternativen Schulkonzepten glücklich wird. Um etwas Licht in die unterschiedlichen Schulformen zu bringen, erhalten Sie nachfolgend eine kleine Orientierungshilfe.

Zuerst einmal sollten Sie sich im Klaren darüber sein, dass alle Schulformen sowohl staatlich als auch von privaten Trägern angeboten werden. Der Besuch einer **Privatschule** erzeugt allerdings Kosten, da diese vielfach keine staatliche Förderung erhalten. Im Vordergrund steht die individuelle Förderung. Gearbeitet wird oft nach einem besonderen pädagogischen Konzept. Die Klassenverbände sind klein und es gibt unterschiedliche Zusatzangebote.

Die Kosten für eine Privatschule variieren zwischen 50 und mehr als 1.000 Euro im Monat. Ob Ihr Kind die weiterführende Schule erfolgreich durchläuft, ist nicht abhängig davon, ob es auf eine Privatschule oder eine staatliche Schule geht. Viel wichtiger ist, dass das Schulkonzept zu Ihrem Kind passt und auf seine individuellen Fähigkeiten und Fertigkeiten ausgelegt ist.

Vor diesem Problem stehen Sie aber nicht erst, wenn Ihr Kind zur weiterführenden Schule geht. Schon bei der Grundschule tauchen ähnliche Fragen auf. Leider haben Sie wenige Auswahlmöglichkeiten, weil die jeweiligen Schulbezirke Ihr Kind einer bestimmten Schule zuweisen. Die Schule ist dann aber in der Nähe Ihres Wohnortes.

Möchten Sie nicht, dass Ihr Kind diese Grundschule besucht, haben Sie nur noch die Möglichkeit, Ihren Nachwuchs auf einer privaten Grundschule anzumelden oder in einen anderen Schulbezirk umzuziehen. Um auf die Bedürfnisse Ihres Kindes einzugehen, sollten Sie sich auch Waldorfschulen und Montessori-Schulen anschauen, die mit ganz speziellen pädagogischen Konzepten die schulische Entwicklung fördern.

Welcher Schultyp ist der richtige nach der Grundschule?

Allgemein

Durch die sogenannte Schulempfehlung, die von der Lehrkraft Ihres Kindes ausgestellt wird, haben Sie in einigen Bundesländern nur eingeschränkt Einfluss darauf, ob Ihr Kind nach der Grundschule auf ein Gymnasium geht oder eine Realschule besucht.

Wurde eine Empfehlung für das Gymnasium ausgesprochen, kann es ohne Probleme auch eine Realschule besuchen. Gibt es aber nur eine Empfehlung für die Realschule und Sie möchten unbedingt das Ihr Nachwuchs das Gymnasium besucht, wird das schon schwieriger.

Die Schulempfehlung ist zum Wohle Ihres Kindes. Die Grundschullehrkraft hat vier Jahre lang Ihr Kind begleitet und kann mitunter sehr gut einschätzen, wo die Kleinen besser aufgehoben sind. Manche Kinder kommen mit dem Leistungsdruck und den hohen Anforderungen im Gymnasium noch nicht zurecht und sind daher auf einer Realschule besser aufgehoben. Wurde diese mit guten Noten abgeschlossen, steht dem Abitur auf einem Gymnasium oder Berufskolleg nichts im Wege.

Wichtig ist in erster Linie, dass Ihr Kind gerne die Schule besucht, den Leistungen entsprechend die passende Förderung erhält und nicht unter- oder überfordert ist. Sprechen Sie mit Ihrem Kind und stellen Sie den Rat der Schule über Ihre eigenen Wünsche, um Ihrem Kind alle Bildungsmöglichkeiten offenzuhalten. Verliert Ihr Kind die Lust an Schule, wird es wohl möglich niemals den gewünschten Abschluss schaffen.

Gesamtschule

Fällt Ihre Wahl auf eine Gesamtschule, haben Sie einen tollen Joker in der Hand. Denn in einer integrierten Gesamtschule brauchen Sie sich nicht direkt für ein Schulsystem zu entscheiden, da die Schulformen miteinander kombiniert sind. Bis zu einem gewissen Punkt haben die Kinder den gleichen Unterricht, werden aber zusätzlich in speziellen Kursen gezielt Ihren Fähigkeiten und Fertigkeiten entsprechend gefördert.

Grundsätzlich sind Gesamtschulen eine gute Lösung. Es wird zusammen gelernt, egal welcher Leistungsstand und sozialer Hintergrund vorhanden ist. Der Übergang von der Grundschule zur weiterführenden Schule wird durch das

Gesamtschulkonzept deutlich vereinfacht, da mit der Mittleren Reife problemlos auf einem Aufbaugymnasium oder einer Fachoberschule das Abitur gemacht werden kann. Verfügt die Gesamtschule über eine gymnasiale Oberstufe, ist es noch einfacher, einen höheren Bildungsabschluss zu erlangen.

Meist hat Ihr Kind sogar ein Jahr länger Zeit, um das Abitur zu machen. In den meisten Gymnasien wird momentan das Abitur nach der 12. Klasse abgelegt.

Ganztagsschule

In einer Ganztagsschule gibt es an mehreren Nachmittagen die Woche ein Betreuungsangebot, dass über die übliche Schulzeit bis 13.30 Uhr hinausgeht. Einige Grundschulen bieten auch ein solches Betreuungsprogramm an. Ein solches Angebot ist für Eltern interessant, die am frühen Nachmittag noch nicht zu Hause sind, weil sie zu diesem Zeitpunkt noch arbeiten müssen. Um die richtige Form der Nachmittagsbetreuung zu finden, sollten Sie das Programm der Schule genauer betrachten. Wie sieht das Mittagessen aus? Wie vielfältig ist das Nachmittagsangebot und inwieweit ist es auf die Interessen Ihres Kindes abgestimmt? Entspricht diese Betreuung Ihren Ansprüchen?

Konfessionsgebundene Schule und Internat

Neben dem allgemeingültigen Lehrplan liegt der Fokus von evangelisch oder katholisch ausgerichteten Schulen auf christlichen Werten wie Gerechtigkeit, Nächstenliebe und Mitgefühl. Eine solche Schule ist für Kinder ideal, wenn Sie wert auf eine christliche Erziehung legen. Trotzdem kann

Ihr Kind Probleme bekommen, weil die Lehrweise sehr streng und vielfach höchst anspruchsvoll ist. Bevor Sie sich für eine solche Schule entscheiden, sollten Sie sich zusammen mit Ihrem Kind die neue Schule anschauen und sich einen eigenen Eindruck verschaffen. Konfessionelle Schulen verlangen Schulgeld in Höhe von ungefähr 200 Euro monatlich.

Übrigens: Um an einer konfessionellen Schule angenommen zu werden, müssen Sie nicht religiös sein. Es wird aber erwartet, dass Ihr Nachwuchs den Religionsunterricht besucht.

Eine sehr radikale Schulform sind Internate, wo die Kinder am gleichen Ort gemeinsam lernen und leben und nur am Wochenende nach Hause kommen. Viele Internate haben einen speziellen Schwerpunkt wie Sport oder Musik und bieten genau in diesen Bereichen tolle Leistungsangebote, die Sie in keinem anderen Lehrplan von Schulen finden. Zudem gibt es umfangreiche Freizeitangebote sowie ein gut ausgebautes Netzwerk, damit die Absolventen später die passende Ausbildung und den richtigen Studienplatz finden.

Wenn Sie Ihrem Kind ein solches Angebot ermöglichen wollen, müssen Sie tief in die Tasche greifen, da die Kosten für ein solches Internat zwischen 1.500 und 3.000 Euro pro Monat liegen können.

Internationale Schulen

Durch die Globalisierung wird es immer wichtiger, dass Kinder nicht nur Englisch, sondern noch eine oder zwei weitere Fremdsprachen beherrschen, um einen guten Berufseinstieg zu bekommen. Der Unterricht an solchen

Schulen findet zum großen Teil in einer anderen Sprache statt. Mitunter wird sogar zweisprachig unterrichtet.

Die Lehrkräfte sind vielfach **Muttersprachler**, beherrschen aber sehr gut die deutsche Sprache. Da diese Schulen nicht nach den deutschen Schulplänen unterrichten, erhält Ihr Kind nur einen internationalen Anschluss. Das stellt aber für den weiteren Bildungsweg keine Probleme dar, da Berufsschulen und Universitäten diesen Schulabschluss anerkennen. Internationale Schulen sind nicht kostenlos. Zwischen 500 und 1.600 Euro im Monat kommen dabei an Kosten auf Sie zu.

Das Angebot solcher Schulen ist besonders für Kinder interessant, wo ein Elternteil eine andere Muttersprache spricht. Ist Ihr Kind ein Sprachtalent, wird ihm diese Schulform auch gefallen, da es die dort vorherrschende Sprache lernt und zusätzlich in den ersten Jahren auch in Deutsch unterrichtet wird. Mehrsprachigkeit ist mittlerweile überall angekommen. So gibt es bilinguale Kindergärten und Kindertagesstätten, um dem Nachwuchs den Schulwechsel auf eine internationale Schule zu erleichtern.

Alternative Schulformen

Diese Schulen arbeiten nach ganz eigenen Konzepten, um Ihr Kind in seiner schulischen und menschlichen Entwicklung zu fördern. Sie haben bestimmt schon von Waldorfschulen und Maria Montessori Schulen gehört. Wenn Ihr Kind bereits einen solchen Kindergarten besucht hat, kennt es das Konzept und wird sich sehr schnell auch in der alternativen Schulform zurechtfinden.

Wenn Sie sich mit dem Thema bisher noch nicht auseinandergesetzt haben, sollten Sie sich auf den Internetseiten der verschiedenen Schulen umschauen, um genauere Einblicke zu erhalten. Neben Waldorf und Maria Montessori gibt es beispielsweise noch die:

- Freinet-Schule
- Demokratische Schule
- Jenaplan-Schule
- Daltonplan-Schule
- Mehlhorn-Schule
- Club of Rome-Schule

Die pädagogischen Konzepte der alternativen Schulen werden im Allgemeinen als sehr sinnvoll angesehen, da bestimmte Prinzipien vertreten werden, die in besonderem Maße auf die Fähigkeiten und Fertigkeiten der Kinder ausgelegt sind.

Versuchen Sie bei der Auswahl der richtigen Schule für Ihren Nachwuchs gelassen zu bleiben und finden Sie heraus, welche Schulformen in Ihrem näheren Umfeld angeboten werden. Im Gespräch mit der Lehrkraft erfahren Sie, welcher Schultyp der richtige für Ihr Kind ist. Beziehen Sie Ihren Nachwuchs mit ein und erklären Sie ihm die Vor- und Nachteile. Ihr Kind wird Ihnen schon sagen, auf welche Schule es gerne gehen möchte. Damit haben Sie die Möglichkeit, die Traumschule für Ihr Kind zu finden.

Eine spannende und nervenaufreibende Zeit mit Ihrem Kind

Mit dem Eintritt in die Schule beginnt für Ihr Kind ein neuer Lebensabschnitt, der Sie vor so manche Herausforderung stellt. Der Nachwuchs nabelt sich wieder ein Stück ab und verlangt nach Freiraum, um eigene Entscheidungen zu treffen.

Sie erleben kratzbürstiges Verhalten und einen Augenblick später ein Kind, das Ihren Schutz und Ihre Nähe braucht. Fast über Nacht müssen Sie Ihre Erziehung auf das heranwachsende Kind anpassen. Es versteht, hinterfragt und trägt mit Ihnen Diskussionen aus. Doch vergessen Sie nicht, dass Ihr Sprössling immer noch ein Kind ist. Ihm fehlen der Weitblick und die Erfahrung, die Sie sich in Ihrem langen Leben bereits erarbeitet haben. Seien Sie sanftmütig und rücksichtsvoll und zeigen Sie dem Nachwuchs, dass Sie ihn wertschätzen und lieben, auch wenn Sie ihn in seine Schranken weisen. Trotz der vielen Tipps und Ratschläge, die Sie bisher erhalten haben, sollten Sie nie vergessen, dass Sie als Kind nicht anders waren.

Schlusswort

Vielen Dank, dass Sie unser Buch bis hierher gelesen haben. Jetzt wissen Sie alles, was zwischen dem sechsten und zehnten Lebensjahr Ihres Kindes wichtig ist. Die kognitive und körperliche Entwicklung wurde beschrieben, wir sind darauf eingegangen, was wichtig ist um Ihr Kind in seiner sozialen und persönlichen Entwicklung zu unterstützen. Wir haben uns ausführlich die Einschulung und den Schulbeginn angesehen. Und Sie haben erfahren, auf was Sie bei Ihrem Nachwuchs vor und während der Zeit in der Grundschule achten müssen. Sie haben wertvolle Erziehungstipps für diesen Lebensabschnitt erhalten und einen Leitfaden an die Hand bekommen, wie Sie Ihrem kleinen Sonnenschein helfen können ein glücklicher und selbstbewusster Mensch zu werden.

Wenn Sie auf die Seite www.thehonestguide.de gehen und sich für unseren Newsletter anmelden, dann erhalten Sie ein kostenloses Download-Paket mit allen Checklisten, und mit drei verschiedenen Vorlagen für Stundenpläne.

Wenn Ihnen das Buch gefallen hat, dann hinterlassen Sie doch bitte eine positive Bewertung. Und wenn nicht, dann freue ich mich, wenn Sie mir vor Abgabe Ihrer Bewertung eine Nachricht schreiben. So, dass wir gemeinsam über das Problem sprechen können und wir eventuell die fraglichen, oder fehlerhaften Stellen im Buch ändern können.

Ich bin jetzt so tief mit dem Thema verbunden, dass ich unbedingt weiter schreiben möchte. Geplant sind noch weitere Bücher über die einzelnen Entwicklungsabschnitte unseres und alle anderen Kinder. Von der Schulzeit über die Pubertät, bis hin zur Jugend gibt es noch sehr viele spannende Dinge zu erleben, die aufgeschrieben gehören. Auch über diese Neuerscheinungen werden Sie in unserem Newsletter informiert. Bis dahin, alles Gute!

Claudia und Jonas

Adressen

Allgemein

www.familienplanung.de

www.familienhandbuch.de

www.kindergesundheit-info.de

www.familienportal.de

www.bildungsserver.de/

www.papilio.de/

elternimnetz.de/index.php

Geld und Beruf

www.bmfsfj.de

www.mittelstand-und-familie.de

Paarbeziehung

www.profamilia.de

www.dajeb.de/

www.vhts.de/

www.hilfetelefon.de/

Internetforen

www.eltern.de/foren/

www.urbia.de/forum/expertenforen

Bücher (Literaturverzeichnis)

Rose Riecke-Niklewski, Günter Niklewski, Stiftung Warentest (Hrsg.): Schulkind. 5 - 12 Jahre. Von der Einschulung bis zur Pubertät, ISBN 978-3931908911

Mary Sheedy Kurcinka: Wie anstrengende Kinder zu großartigen Erwachsenen werden: Der Erziehungsratgeber für besonders geforderte Eltern, ISBN 978-3868828641

Ulla Nedebock: Starke Kinder brauchen Regeln: Klare Grenzen - entspannte Familie. Mit kleinen Veränderungen viel bewirken. Empfohlen von der Akademie für Kindergarten, Kita und Hort, ISBN 978-3869106366

Elisa Kordenbrink: Ich bin nicht anstrengend, ich bin HOCHSENSIBEL!: Der Erziehungsratgeber für gefühlsstarke Kinder und gestresste Eltern, ISBN 978-1077094482

Danielle Graf, Katja Seide: Das gewünschteste Wunschkind aller Zeiten treibt mich in den Wahnsinn: Gelassen durch die Jahre 5 bis 10, ISBN 978-3407865045

Nicola Schmidt: Erziehen ohne Schimpfen: Alltagsstrategien für eine artgerechte Erziehung, ISBN 978-3833868566

Hanns Petillon: 1000 Spiele für die Grundschule: Von Adlerauge bis Zauberbaum, ISBN 978-3407629937

Marco Sumfleth, Florian Lamp: Das Spiel- und Bewegungsliederbuch - die 100 besten Spiel- und Bewegungslieder, ISBN 978-3981540802

Astrid Grabe, Elke Dosch: 77 Ideen – Soziales Lernen in der Grundschule: Praxisratgeber mit Spielen und Materialien, ISBN 978-3834625892

Links

https://kindergartenpaedagogik.de/fachartikel/psychologie/138

https://www.hallo-eltern.de/kind/entwicklung-6-jaehrige/

https://www.hallo-eltern.de/kind/entwicklung-7-jaehrige/

https://www.elternimnetz.de/kinder/schulkind/entwicklung.php

https://www.familie-und-tipps.de/Kinder/Entwicklung/8-10-Lebensjahr.html

https://www.sueddeutsche.de/thema/Erziehung%3A Grundschule

https://www.sueddeutsche.de/thema/Erziehung

https://www.sueddeutsche.de/leben/expertentipps-zur-erziehung-motivieren-fuer-schule-und-ausbildung-1.1683575

https://www.sueddeutsche.de/leben/expertentipps-zur-erziehung-so-gelingt-der-schulanfang-1.1459789

https://www.sueddeutsche.de/leben/expertentipps-zur-erziehung-motivieren-fuer-schule-und-ausbildung-1.1683575

https://www.sueddeutsche.de/bildung/mobbing-in-der-schule-grundschueler-sind-wie-raubtiere-1.131934

https://www.elternwissen.com/erziehung-entwicklung/kind-stark-selbstbewusst/art/tipp/schlagfertigkeit-so-kann-ihr-kind-es-lernen.html

https://www.sueddeutsche.de/leben/expertentipps-zur-erziehung-freundschaften-verbieten-ist-das-allerletzte-mittel-1.1424911

https://www.sueddeutsche.de/leben/expertentipps-zur-erziehung-eltern-haben-eine-falsche-sicht-auf-die-dinge-1.1389517

https://www.sueddeutsche.de/leben/expertentipps-zur-erziehung-hilfe-bei-erwachsenen-suchen-ist-nicht-petzen-1.1575299

https://www.sueddeutsche.de/leben/expertentipps-zur-erziehung-kinder-lieben-das-chaos-1.1669419

https://www.t-online.de/leben/familie/schulkind-und-jugendliche/id_62832594/vorpubertaet-so-beginnt-die-phase-der-pubertaet.html

https://www-de.scoyo.com/eltern/lernen/lerntipps-lernmotivation/konzentration-bei-kindern-foerdern

https://www.familienhandbuch.de/babys-kinder/bildungsbereiche/selbststaendigkeit/Teamfaehigkeit.php

https://www.kindergesundheit-info.de/themen/medien/mediennutzung/medienerziehung/

Jonas Weidner

Vater werden für Anfänger

Alles was du über Kinderwunsch, Schwangerschaft, Geburt und Baby wissen musst

Wie du als Papa deine Tochter, Sohn, Familie, Beruf und Karriere in Einklang bringst

Mit der richtigen Einstellung zur intakten Beziehung und erfüllten Sexualleben trotz Kind

The Honest Guide, 126 Seiten

ISBN 978-1070417509

Claudia & Jonas Weidner

Kinder verstehen, erziehen und stärken

Wie Sie Wutausbrüche und Trotzphasen von Ihrem Wunschkind souverän meistern

Alles über konsequente Erziehung, Rituale, Abnabelung und Entwicklungsphasen

Das Selbstvertrauen und Selbstbewusstsein Ihres Nachwuchses gezielt stärken

The Honest Guide, 101 Seiten

ISBN 978-1086026603

Rechtliches

Impressum

Claudia & Jonas Weidner werden vertreten durch:

Ronny Quaas

Leipziger Straße 72

08056 Zwickau

E-Mail: info@thehonestguide.de

Web: www.thehonestguide.de

Cover

Lauria | Fiverr

Haftung für externe Links / Haftungsausschluss

Das Buch enthält Links zu externen Webseiten Dritter, auf deren Inhalt der Autor keinen Einfluss hat. Deshalb kann für die Inhalte externer Inhalte keine Gewähr übernommen werden. Für die Inhalte der verlinkten Webseiten ist der jeweilige Anbieter oder Betreiber der Webseite verantwortlich. Die verlinkten Seiten wurden zum Zeitpunkt der Verlinkung auf mögliche Rechtsverstöße überprüft. Rechtswidrige Inhalte waren zum Zeitpunkt der Verlinkung nicht erkennbar. Eine permanente inhaltliche Kontrolle der verlinkten Webseiten ist jedoch ohne konkrete Anhaltspunkte einer Rechtsverletzung nicht zumutbar. Bei Bekanntwerden von Rechtsverletzungen werden derartige Links umgehend entfernt.

Die Benutzung dieses Buches und die Umsetzung der darin enthaltenen Informationen erfolgt ausdrücklich auf eigenes Risiko. Der Verlag und auch der Autor können für etwaige Unfälle und Schäden jeder Art, die sich beim Besuch der in diesem Buch aufgeführten Orten ergeben (z. B. aufgrund fehlender Sicherheitshinweise), aus keinem Rechtsgrund eine Haftung übernehmen. Haftungsansprüche gegen den Verlag und den Autor für Schäden materieller oder ideeller Art, die durch die Nutzung oder Nichtnutzung der Informationen bzw. durch die Nutzung fehlerhafter und/oder unvollständiger Informationen verursacht wurden, sind grundsätzlich ausgeschlossen. Rechts- und Schadenersatzansprüche sind daher ausgeschlossen. Das Werk inklusive aller Inhalte wurde unter größter Sorgfalt erarbeitet. Der Verlag und der Autor übernimmt jedoch keine Gewähr für die Aktualität, Korrektheit, Vollständigkeit und Qualität der bereitgestellten Informationen. Druckfehler und Falschinformationen können nicht vollständig ausgeschlossen werden. Der Verlag und auch der Autor übernehmen keine Haftung für die Aktualität, Richtigkeit und Vollständigkeit der Inhalte des Buches, ebenso nicht für Druckfehler. Es kann keine juristische Verantwortung sowie Haftung in irgendeiner Form für fehlerhafte Angaben und daraus entstandenen Folgen vom Verlag bzw. Autor übernommen werden. Für die Inhalte von den in diesem Buch abgedruckten Internetseiten sind ausschließlich die Betreiber der jeweiligen Internetseiten verantwortlich. Der Verlag und der Autor haben keinen Einfluss auf Gestaltung und Inhalte fremder Internetseiten. Verlag und Autor distanzieren sich daher von allen fremden Inhalten. Zum Zeitpunkt der Verwendung waren keinerlei illegalen Inhalte auf den Webseiten vorhanden.

Notizen